# 働き方の損益分岐点

木暮太一

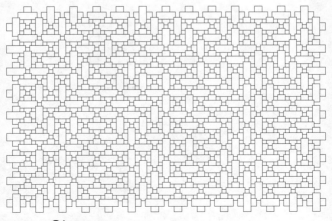

講談社+α《プラスアルファ》文庫

mouse

# people of today

# 文庫版 まえがき

ここ数年、より働き方に注目が集まり、多くの人が「自分の働き方」を意識的にふり返るようになりました。個人だけでなく、むしろ国や自治体、企業のほうがより議論をし、いろんなルールができあがりつつあります。

ただ、わたしはそれらの議論を見て、強い違和感を覚えます。

現在の働き方改革は、企業側から見た〝働かせ方改革〟になっていないでしょうか？　残業を削減しろ、でも成果は維持しろ、だからとにかく生産性を上げろ。そう聞こえてなりません。それはマルクスが『資本論』で指摘した、〝搾取《さくしゅ》の強化〟とまったく同じです。

ダラダラ残業をやめ、短時間労働社会を目指すことに対しては、わたしも賛成です。しかしそれが「企業のため」になってしまっては本末転倒です。

一方で、長時間労働がなくなれば、労働者はすべてハッピーかといえば、そんなこともありません。わたしは2009年にサラリーマンを辞め、いまは自分の会社を経営しています。労働時間はむしろ長くなっていますが、毎日とても充実しています。働く時間を短くしなさいと国から指導されたら全力で拒否しますし、そもそもそんなことを言われる筋合いはありません。

働き方を変えるということは、時間の話だけではありません。それよりもむしろ大事に考えなければいけないのは「ストレス」です。働き方改革は、ストレス改革でなければいけません。

完全にストレスフリーな仕事をしていたら、必ずしも定時で上がらなくても、心や身体《からだ》を壊すことはないでしょう。

ストレスがたまる労働環境、人間関係、精神的に追い詰めるような「指導」。そんなストレスにさらされていることが不幸であり、残業があることが不幸なのではないとわたしは考えます。

ですが、問題が「ストレス改革」になったとたん、対応策が一気に複雑になります。制度や会社の方針で個々人のストレスを一律に減らすことが難しいからです。ストレス改革を国に委ねることはできません。もちろん、超長時間労働を規制するなどのルール設定はできますが、それでも限界があります。ストレスを感じるかどうかは、個人差が大きく、もはや「自分で何とかする」しかないテーマでもあります。

本書は、2012年に出版され、大きな反響をいただきました。しかしそこから6年経ち、あらためて「ストレス改革」としての働き方を考える時期に来たと感じています。

わたしたちの働き方は、わたしたちが決めなければいけません。決して誰かが教えてくれるものではなく、誰かが調えてくれるものでもありません。

わたしたちの人生は、自分自身で責任を持ち、自分自身で選んでいかなければいけません。本書を通じて、あらためて読者のみなさんと一緒に、考えていきたいと思います。

木暮太一

2018年春

はじめに

# しんどい働き方は根本から変えていこう

みなさんは、いまの自分の働き方に満足していますか？

みなさんは、いまのその働き方をずっと続けていきたいと思っていますか？

そう聞かれて、力強く頷《うなず》ける人は少ないのではないでしょうか。

昨今、いまの日本の「しんどい働き方」について、疑問を投げかける声が増えてきたように思います。

働いても働いても一向に給料は上がらないし、どんどん仕事の量が増えて、忙しくなってきているような感じもします。滅私奉公《めっしほうこう》的なサービス残業は相変わらずあたりまえだし、土日もがんばって働かないとノルマを達成できません。

まるでラットレースです。

いくら全力で走っても、一向に前には進めないのです。

生活が苦しいので夫婦共働きを選択すると、今度は子どもを生み育てるのが大変になってきます。

「ワークライフバランス」や「残業ゼロ」などといった言葉をよく見かけるようになりましたが、裏を返せば、それが全然できていないということです。一部の若い人からは「働いたら負け」という声まで上がってくるようになりました。

なぜ、わたしたちの働き方はこんなにもしんどいのか？
なぜ、社会や経済は十分豊かになったのに、働き方は豊かにならないのか？
どうすれば、「しんどい働き方」から抜け出せるのか？

じつはその答えは、資本主義経済の構造・仕組みを理解しなければ導き出すことができません。なぜなら、いくら会社や仕事をかえても、現代の日本にいるかぎり資本主義経済からは逃れられないからです。

他社に移っても、しんどい働き方自体は変わりません。

もちろん、転職や独立、ワークライフバランスや仕事の業務改善を考えることも大切ですが、それでは根本的な問題解決にはならないでしょう。

多少、ラクになるくらいです。場合によっては、もっとしんどくなることも考えられます。

そうではなく、資本主義経済の本質的なルールを熟知して、そのルールのなかでうまくやっていく方法を模索《もさく》していく必要があるのです。

それがわかれば、いまと同じ会社、同じ仕事であっても、「しんどい働き方」から「幸せな働き方」に変えていくことができるようになるかもしれません。

ラットレースから逃れることもできるかもしれないのです。

わたしは、大学時代に経済学の古典『資本論《しほんろん》』と、お金の哲学を扱った大ベストセラー『金持ち父さん 貧乏《びんぼう》父さん』の2冊を深く読み込むことで、その後の人生が大きく変わりました。

この一見なんの共通性もない2冊の本が、じつはまったく同じことを言っていることに気づいたからです。

それはいったいどういうことか、説明しましょう。

『資本論』は、19世紀のドイツの経済学者カール・マルクスが書いた経済学の古典です。実際にちゃんと読んだことはなくても、名前だけは聞いたことがあるという人は多いのではないでしょうか。

一方の『金持ち父さん 貧乏父さん』は、ハワイ在住の投資家ロバート・キヨサキが書いた資産運用についての本です。

真面目《まじめ》に働き、高給取りになったものの、最終的には貧乏になってしまった「貧乏父さん（実の父）」と、自分が働くのではなく、自分のお金を働かせることを追求して、最終的に莫大《ばくだい》な富を築いた「金持ち父さん（著者の幼なじみの父）」。

この二人の「父さん」の働き方、考え方を比較しながら、「お金持ちになるためには、何をすればいいか？」を説《と》いています。

この本は、1997年にアメリカで発売され、世界的ベストセラーとなりました。日本でもシリーズで300万部以上売れたそうですし、いまでもずっと売れ続けているといいます。

どちらも世界的に有名な本です。

そして一見、2冊の本にはまったく関連がないように見えます。

『資本論』は、資本主義経済の限界と目指すべき共産主義思想について説いたカタい本ですし、一方の『金持ち父さん 貧乏父さん』は、どうすれば「ラクに」お金を儲《もう》けることができるか、という「ザ・資本主義」のような本です。

しかし、大学生だったわたしは「この2冊の本が言いたいことは本質的に同じではないか?」と感じ取りました。

どこが「同じ」かというと、じつは2冊の本はともに、資本主義経済の本質的な構造・仕組みと、そのなかで働く労働者たちが必然的に置かれる状況について、深く分析を行っていたのです。

企業で働く労働者はどのような立場に置かれているのか?
労働者が「がんばる」とは、どういうことなのか?
どうして労働者は、働いても働いても貧しいままなのか?

これらの問いに対してカール・マルクスが出した結論は、「資本主義経済のなかでは、労働者は搾取され続ける。豊かになれない。だから、共産主義経済に移行しなければいけない。労働者よ、団結せよ! 革命を起こせ!」でした。

一方のロバート・キヨサキが出した結論は、「資本主義経済のなかでは、労働者はラットレースに巻き込まれて、豊かになることができない。だから、自分の労働と時間を切り売りするのではなく、不労所得《ふろうしょとく》を得なければならない。不動産投資や株式投資を行って資産を作ろう！」でした。

カール・マルクス、ロバート・キヨサキの両氏が「解決策」として提示した内容はまったく異なります。

一方は革命、一方は投資です。

しかし、「資本主義経済のなかでは労働者は豊かになれない」という、主張の前提部分は、まったく共通していたのです。

わたしはこの2冊の本を読んで、資本主義経済の前提条件を十分に理解したうえで「自分の働き方」について考えていかないと、いつまで経っても「目指すべき幸せな働き方」には近づけないことを深く理解しました。

仕事のやり方やノウハウを教えてくれる人はいくらでもいますが、会社選びでも仕事選びでもなく、根本的な「働き方」について教えてくれる人はほとんどいません。

わたしにとっては、マルクスと金持ち父さんが先生でした。

この2冊に出会っていなければ、いまも毎日しんどい思いをしながら、我慢して働き続けていたと思います。

いつか楽になることを夢見ながら、今日も終電で帰宅していたはずです。

現代のビジネスパーソンは、就職活動以降、自分の働き方について真剣に考える機会がほとんどありません。

もちろん、もっと良い条件を求めて転職を考える人はいるでしょう。

しかし、大きな病気や事故、災害などを経験しなければ、自分の働き方、そして生き方を根本から見つめ直すことは、ほとんどないのではないでしょうか。

いろいろと深く考える機会があったとしても、「どうしてこんなにしんどいのか」「どうすれば状況を改善できるのか」という問題に一向に答えが出せず、結局もとの日常に戻っていってしまいます。

仕事に関して抱えている具体的な悩みは、人それぞれ違うでしょう。

しかし、その悩みの根本には、共通の原因があります。

もはや個別の企業や仕事ではなく、資本主義経済自体に問題があるのです。

おそらくほとんどの方が、この「根底」にある問題に気づかず、表面に表れている企業の問題、職種の問題に目を奪われていたことでしょう。

だから、何年悩んでも解決策が見いだせなかったのです。

本書では、いちばん重要でありながら、これまで誰も教えてくれなかった資本主義経済における「目指すべき働き方」について解説していきます。

大学時代にわたしが『資本論』と『金持ち父さん 貧乏父さん』の2冊から「気づき」を得て、その後、サラリーマン生活の10年をかけて追究・実践してきた知見《ちけん》を一冊に凝縮しました。

前半では、マルクスの『資本論』をベースに、資本主義経済の構造・仕組みと、労働者の置かれている状況について順番に述べていきます。

『資本論』に触れたことのない方にとっては少しショッキングな内容かもしれませんが、わたしたちがいまどういう世界に生きているのかを知ることから、思考をスタートさせなければなりません。

後半では、資本主義経済で働くわたしたち労働者がどのような働き方、そして生き方を目指していくべきかを具体的に説明していきます。

この部分は、『資本論』と『金持ち父さん 貧乏父さん』の両方の視点を取り入れた、わたしなりのアイデアになります。

いまの働き方に疑問を持っているだけでは、転職や独立、ワークライフバランスを考えてもあまり意味はありません。

しんどい働き方は、もっと根本的なところから考え、変えていかないといけないのです——。

# 目次

文庫版　まえがき　7
はじめに　しんどい働き方は根本から、変えていこう　10
第1章　あなたの「給料」は、なぜその金額なのか？
あなたは自分の「給料」に満足していますか？　28
給料の決まり方には2種類ある　30
成果に応じて給料を払うやり方　32
どうすれば給料を上げることができるのか？　35
年収1000万円でも、生活に余裕がない？　37
「収入が増えれば裕福になる」という幻想　39
転職しても問題は解決しない　44
給料は、そもそも努力や成果がベースではなかった　46

給料は「明日も同じように働くために必要な経費のみ」　48
資本主義経済の構造は、マルクスの『資本論』を読めばわかる　51
「使用価値」と「価値」は超重要キーワード　54
「商品の価値」の決まり方　60
価値を左右するのは「社会一般の平均」　62
商品の値段は「価値」をベースに決まる　64
そもそも「価値」の定義が誤解されている　68
おにぎりの値段はなぜ100円なのか？　71
経済学的に見れば、労働力も「商品」　72
労働力の値段も、商品の「価値」と同じように決まる　78
発展途上国の人件費が安い「根本的な理由」　80
スキル習得費が「労働力の価値」に加算される　81
なぜ医者の給料は介護士の3倍以上なのか？　86
「資格手当」がつく本当の理由　87
オジサンの給料が高いのはあたりまえ　88
給料の正体　92

「オレにはこれだけ必要！」は通用しない 96
同じ仕事でも、会社によって給料が違うのはなぜか？ 98
勤める会社が世間から求められなくなれば、給料も下がる 100
古い企業の給料が高いのはなぜか？ 101
わたしたちは、知らず知らずのうちにこのルールで生きている 102

## 第2章 あなたは、「利益」のために限界まで働かされる

会社の「利益」はどうやって生まれているのか？ 106
労働者が生み出す「剰余価値」が企業の利益 107
「剰余価値」が生まれる過程 110
生産量を倍にすると、面白い現象が起こる…… 114
労働者が長時間働かされる理由 118
自分のために働く時間と、会社のために働く時間 120
剰余価値を生み出せるのは「労働」だけ 122
剰余価値の3つの種類 124

企業は労働者から「一日分の労働力」を買い取っている　126
絶対的剰余価値には限界がある　127
生活費が下がると、労働力の価値も下がる　129
企業が競争した結果、生まれる特別な価値　133
特別剰余価値は、やがて消滅する　136
イノベーションはなぜコモディティ化するのか？　138
労働者が生み出した技術革新が労働者を苦しめる　140
がんばって成長しても、得られるものは変わらない!?　142
経済構造的「囚人のジレンマ」　146
資本主義経済を生きるわたしたちのジレンマ　150
ラットレース　152

## 第3章　どうすれば「高い給料」をもらえるようになるか？

ラットレースに巻き込まれない方法　156
自社の専門技術で作った商品が売れないのはなぜか？　157

「ぼったくり」は、なぜ「ぼったくり」なのか？　160
商品には「使用価値」だけでなく「価値」もなければいけない　164
なぜあの大ベストセラーも8掛けなのか？　166
労働力にも、使用価値だけではなく価値が不可欠　168
毎日毎日全力でジャンプする働き方　171
どんなに残業しても裕福にはなれない！　176
時間と体力と精神力を使って働く「しんどい働き方」　178
さあ、しんどい働き方から抜け出そう！　181

## 第4章　年収1000万円になったあなたには、「激務」だけが残る

「売上」よりも「利益」が大事　186
利益の方程式　187
年収1000万円なら「自己内利益」も増えるか　190
「自己内利益」が赤字になる働き方はやめる　194
「損益分岐点」は逃げていく　196

「人生の損益分岐点」も逃げていく 201
人は幸福に慣れてしまう生き物 202
「もっと上」を目指した結果残るのは、「激務」 205
一度上がった損益分岐点は下げられない 208
オール・オア・ナッシングで考えるのはやめよう 212

## 第5章 何をすれば「自己内利益」は増やせるのか？

満足感を変えずに、必要経費を下げる 218
精神的苦痛を感じない仕事を選ぶ 220
「自己内利益」を永続的に増やせる仕事 224
「得意な仕事を選べ」という意味ではない 227
「〝好き〟を仕事にしよう！」という意味でもない 228
「必要経費を変えずに、満足感を上げる」とは？ 232
「編集力」で、これまで築いてきた「土台」を活用 236
毎回全力ジャンプより高いところに手が届く土台を作る 240

労働力を「消費」せずに「投資」する 244
将来の土台作りのためには「無駄」も覚悟で 247
目先のキャッシュにまどわされるな！ 249
「自己内利益」で会社や仕事を選ぶ 253
天職など見つからない。あとで「天職だった」と気づくだけ 254

## 第6章　経験を生かすには、どういう「働き方」を選択すべきか

「仕事」の反対語は？ 260
土日は「休息」という意識を変える 262
過去に作った土台で稼げる仕事を選ぶ 265
「変化が速い業界」では、知識や技術の「賞味期限」が短い 268
フェイスブックやツイッターもいつまでもつか…… 270
「資産の陳腐化」は遅ければ遅いほどいい 272
「賞味期限が長い知識・経験」を身につけろ！ 276
「使用価値がある価値」が高給の対象になる 278

わたしが「出版」を選んだ理由　280
急激な成長ではなく、ゆるやかな成長を目指す　283
PLで考えるから、「割に合わない」と感じる　287
BS思考で考えよう　291
「資産を作る仕事を、今日はどれだけやったか?」　298
もう一度「自分」を見つめなおしてみる　299
10年の継続が「理想の働き方」を作る　301

**おわりに　働き方を変えて、生き方を変えよう!　308**

# 第1章 あなたの「給料」は、なぜその金額なのか？

# あなたは自分の「給料」に満足していますか？

まずはじめに、みなさんの「給料」について質問があります。
会社員の方は、ぜひ自分の給与明細を見ながらお答えください。

**質問**

- あなたは、自分がもらっている「給料の金額」に満足していますか？
- その金額は、あなたが行っている仕事内容に対して「妥当《だとう》」な額ですか？

こう聞かれると、「給料が少ない！」「自分はもっともらってもいいはず」と感じる方も多いのではないでしょうか。

そしてまた、「もっと給料を上げたい」と思って、そのための努力をされている方もたくさんいると思います。自分を向上させようとがんばることは大事なことですし、そのために努力する姿は素晴らしいと思います。

ただしその前に、再度みなさんに質問があります。

**質問**

- あなたは、自分の「給料の金額」がどうやって決まっているのか、ご存じですか？
- 給与明細を見て、なぜその金額をもらっているのか、「論理的に説明」できますか？
- 「もっともらってもいいはず」と感じる方は、では論理的にいくらが「正しい金額」だと思いますか？

これらの質問にすぐに答えられる方は、あまりいないでしょう。

なぜなら、誰もこんなことは教えてくれないからです。

もちろん、学校では習いませんし、会社の「新入社員研修」で教わることもありません。それどころか、経営者や人事部でさえ、必ずしも明確に意図してみなさんの給料額を決めているわけではないのです。

みんななんとなく、慣例的に「ある方式」に従って給料を決めています。

その方式とは何か？

答えは「経済学」が教えてくれます。経済学とは、社会全般の経済活動を分析する学問であり、そのなかには当然、企業と労働者間の取引（雇用し、給料を払う）も含まれています。

つまり、経済学の分析を知ることで、わたしたちの給料がどうやって決まっているのかを、論理的に知ることができるのです。

それはいったい、どんなものなのか？

これからじっくり時間をかけて、一からお話ししていきたいと思います。

## 給料の決まり方には2種類ある

経済学的に考えると、給料の決まり方には、

①必要経費方式
②利益分け前方式（成果報酬方式）

の2種類があります。

この①と②はまったくの「別モノ」なのですが、よく混同されています。どこがどう違うのか、順番に説明していきましょう。

①の方式を採用しているのが、主に伝統的な日本企業です。日本企業では、その社員を家族として考え、その家族が生活できる分のお金を給料として支払っています。

これが、「必要経費方式」という考え方です。家庭における「お父さんのお小遣《こづか》い」をイメージしてください。それと考え方がよく似ています。

お父さんは毎日、お昼ごはんを食べなければいけないので、500円×20日（出勤日数）分。たまに同僚と飲みに行くだろうから、3000円×2回分。ときには好きな雑誌も買いたいだろうから、400円×4冊分……。

こんな感じで、月にだいたい必要な「経費」（家庭の「外」で使うお金）を積み上げて、お父さんのお小遣いの金額を決めている家庭は多いのではないでしょうか。

じつは、日本企業の社員への給料も、同じように「経費の積み上げ」によって決まっています。社員という家族が生活するのに必要なお金を算出して、その分を支払っているのです。

具体的にどうやってその金額を決めているかについては、のちほど詳しく見ていきましょう。

まずここで押さえてほしいのは、

●必要経費方式では、生活に必要なお金しかもらえない

ということです。

給与体系がこのような考えに基づいていると、「その社員がいくら稼《かせ》いだか」「いくら会社に利益をもたらしたか」などの成果・業績と給料は無関係になります。どんなに会社に利益をもたらしても、基本的に給料は変わらないのです。

これは、給料が増えてもお小遣いを増やしてもらえないお父さんに似ています。「いくら家族に利益をもたらしたか」は、お小遣いの金額とは関係ないのです。

## 成果に応じて給料を払うやり方

こういった「必要経費方式」に対して、②の「利益分け前方式」を採用している会社があります。外資系金融機関や、歩合《ぶあい》制で給料が決まる会社です。

そこでは「利益分け前方式」という名の通り、自分が稼ぎ出した利益の一部を給料としてもらう考え方が基本です。

## 給料の決まり方

### 1. 必要経費方式

自分が生活するのに必要な
お金(経費)を給料としてもらう

### 2. 利益分け前方式

自分の稼ぎ出した利益の
一部を給料としてもらう

コグレ Point!

**多くの日本企業では、給料は「生活に必要なお金」しかもらえない!**

考え方としては、こちらのほうがシンプルで、公平・明瞭《めいりょう》でしょう。

ただし、この方式では、自分が利益を上げられなければ給料は減ります。「一生懸命がんばった」とか「あともう少しで成功できた」などといったことは、まったく考慮してもらえません。給料が下がって「こんなんじゃ生活できなくなる」と言っても、「では辞めますか?」と聞かれるだけで、給料が上がることはないのです。

「利益分け前方式」における給料の基準は、社員の上げた成果・業績であり、会社にもたらした利益です。それ以外の要素は関係ありません。

最近、日本企業でも「成果主義」を取り入れるケースが増えてきています。そのため、①と②の区別はないと感じている人もいるかもしれません。

しかし、それは大きな間違いです。

日本企業が採用している成果主義は、「必要経費方式の一環《いっかん》」として採用されていることが多く、もともと「②利益分け前方式（成果報酬方式）」を採用している外資系金融機関などとは根本的に考え方が異なります。

日本型成果主義の多くは、成果に応じて「多少のプラスアルファ」をもともとの給料に上乗せしている（もしくは、成果を上げられない場合は多少減らされる）だけであって、「利益分け前方式」のように、その社員が上げた成果に100％応じて給料を支払っているわけではありません。

その証拠に、2倍の業績を達成しても、給料は2倍にはならないはずです。査定《さてい》でプラス評価をされて、出世が少し早くなったり、ベースの給料がちょっと上がるだけでしょう。

決して、利益（成果）が「分け前」として分配されるわけではないのです。

## どうすれば給料を上げることができるのか？

さて、以上のように「給料の決まり方」について見ていくと、日本の企業に勤めている多くの方は、①の「必要経費方式」で働いていることに気がつきます。

では、ここであらためてみなさんに質問をしたいと思います。

**質問**

- 給与明細を見て、なぜその金額をもらっているのか、「論理的に説明」できますか？
- 「もっともらってもいいはず」と感じる方は、では論理的にいくらが「正しい金額」だと思いますか？
●さらに、どのような「努力」をすれば、自分の給料を上げることができますか？

いかがでしょう？
ここでは、特に最後の質問に注目してください。
どうすれば給料を上げることができるのか――これは、労働者なら誰にとっても気になるテーマでしょう。億万長者にはなれなくても、お金の心配をすることなく「余裕のある暮らし」をしたいというのは、わたしを含め、みんなが思うことです。
がんばって努力すれば、給料は上がる
成果を上げれば、給料は上がる
みなさんはそう思われているかもしれませんが、それは正しい答えではありません。
多くの人が働いている日本企業（＝必要経費方式の会社）においては、さきほど述べたように「どんなに努力して会社に利益をもたらしても、基本的に給料は変わらない」からです。

では、具体的にどうすればいいのか？

どうすれば給料が上がって、余裕のある暮らしを送れるようになるのか？

そのカギは、「必要経費方式」の仕組みをもっと根本から理解することにありました。

ここで、ちょっとまた別の角度から、「給料」というものについてみなさんと一緒に考えていきたいと思います。

## 年収1000万円でも、生活に余裕がない？

昨今、生活に余裕がない人が増えている印象を受けます。

「あなたの生活に余裕はありますか？」

こう聞くと、ほとんどの方は「NO」と答えるでしょう。

ここで非常に興味深いのは、あらゆる年収層で「生活に余裕がない」と感じている方がいるということです。

年収100万円の人が「生活に余裕がない」というのは、誰でも納得できるでしょう。親のスネでもかじっていないかぎり、誰が見ても生活に余裕がなさそうです。

ところが現実には、年収1000万円のお金持ちの人も「生活に余裕がない」と感じています。

たとえば以前、インターネットのサイトに「年収1000万円だと楽な生活ができますか?」という質問が投稿されていたのを目にしました。実際に1000万円近くの給料をもらっている十数人が回答していましたが、そのうちの多くは「切羽詰《せっぱ》まっているわけではないが、とても余裕はない」と答えていました。

また、わたしの友人にも何人か年収1000万円を稼いでいる人がいますが、彼らも「なぜか余裕がないんだよ」と愚痴《ぐち》っていました。

年収1000万円でも「生活に余裕がない」のです。

これはいったい、どういうことなのでしょうか? 年収100万円の人から見れば、「どんな贅沢《ぜいたく》を言っているのか?」と言いたくもなるでしょう。

ですが、これは年収1000万円の人が贅沢を言っているわけでも、わがままなわけでもありません。年収1000万円でも「生活に余裕がない」ことが、論理的にありえるのです。

なぜそういうことが起こるのか、順番に説明していきたいと思います。

## 「収入が増えれば裕福になる」という幻想

まず、

### ●給料が安くて、生活に余裕がない

という状況から、あらためて見ていきましょう。

これは容易に想像できる状況でしょう。

日本人の平均可処分所得《かしょぶん》（給料から税金や社会保険料などを引いた、実際に自由に使える金額）は、１９９７年をピークに下がり続けています。「デフレ」と言われるようになって久しいですが、「年収３００万円時代」どころか、近い将来「年収１００万円時代」になってもおかしくはなさそうです。

年収１００万円といえば、月収では8万円ちょっとです。そんな状態では、生活に余裕など生まれるはずがありません。

少し前に「ワーキングプア」という言葉が流行《はや》りました。働いているのに「プア（貧乏）」なのです。かつて石川啄木《たくぼく》が「はたらけど　はたらけど猶《なほ》わが生活《くらし》楽にならら

ざりぢっと手を見る」という歌を詠《よ》みましたが、まさにその世界でしょう。働いても働いても、一向に暮らしが楽にならないのです。

ではつぎに、

## ●給料は高いのに、生活に余裕がない

という、「おかしな状況」について見ていきましょう。

給料が絶対的に少ないので生活に余裕がない、というのは誰もが納得できます。しかし一方で、世間的には「高給取り」と思われている人たちも「生活に余裕がない」と感じています。

高額の給料をもらっている人は生活に余裕があるのかと思いきや、そうではないようなのです。

「お金は、いくらあっても足りない」

「給料が入ってくるのに、いつの間にか貯金がなくなっている」

そういうコメントを聞いたことがあるでしょう。そう聞くたびにみなさんは「お金にルーズな人だな」「金遣《かねづか》いが荒いんだな」と思っていたかもしれません。

では、そう言っている人が実際にお金にルーズだったり、金遣いが荒かったりした現場を見たことがありますか？

もしくは、他人に大盤振《おおばんぶ》る舞《ま》いしているところを目撃したことがありますか？

おそらく、ないはずです（もちろん、中にはそういう人もいるかもしれませんが、ごく少数でしょう）。

給料が高くても生活に余裕がないのは、「金遣いが荒いから」ではありません。自分ではそれほど無駄遣いをしているつもりはないでしょう。ましてや大盤振る舞いなど、「絶対にしていない」と感じているはずです。

でも、月末が近づくとお金がなくなっており、「来月は切り詰めなければ……」となってしまうのです。

「そんなはずはない、どこかで必ず贅沢をしているはずだ！」

そう思う方は、自分自身の生活を振り返ってみてください。学生のときと比べて収入は何倍になっていますか？

大学生がアルバイトで稼ぐお金は平均で年30万円だそうです。一方で、社会人の平均年収は400万円くらいです。単純に比較すると、日本人は学生のときと比べて10倍以上稼いでいることになります。

働き始めて数年も経てば、学生時代のアルバイト代の20倍以上を稼ぐ人も出てくるでしょう。

学生のとき、「月々あと数万円あれば、かなりいい暮らしができるのに」と思いませんでしたか？　そしてその「あと数万円」は、現在手にしていませんか？

ところが、いまだに「月々あと○○万円あれば、かなりいい暮らしができるのに」と感じているのではないでしょうか？

学生時代に比べると何倍も「裕福」になったにもかかわらず、依然《いぜん》として生活が苦しいのです。

まさに「給料は高いのに、生活に余裕がない」状態です。

これはみなさんだけではありません。多くの方が同じように、学生時代と比べて金銭的に裕福になっているにもかかわらず、現在の生活に余裕を感じていないのです。

学生

student

⇩

社会人

business person

何倍も「裕福」になったのに、
生活に余裕がない!!

なぜ?

コグレ
Point!
「収入が増えれば生活が
裕福になる」は幻想!

## 転職しても問題は解決しない

生活に余裕がないことを自分の会社のせいだと考える人もいます。そういう人は「うちの会社の給料が安いからだ」「違う会社に転職すれば、生活が楽になる」と考えています。

しかし、実際はそうではありません。

もちろん、いわゆる「ブラック企業」に勤めている場合は、超長時間労働、超低賃金のために、生活に余裕を感じることもないでしょう。ですが、一般的な企業に勤めている人が生活に余裕を感じられないのは、その企業が原因ではないのです。

転職を斡旋《あっせん》する会社が「年収800万円以上の求人案件《あんけん》あります！」などといった広告を出しているのを、よく見かけます。仕事の内容ではなく、年収を前面に打ち出しているわけです。

この広告の裏メッセージは「これだけの収入があったらいいでしょう？　いい生活ができますよ。人生に余裕も生まれますよ」です。そう言われると「そんなにいい収入が得られるんだったら……」と感じ、応募する人も多いでしょう。

当人は、それで自分の生活が変わると思って応募するわけですが、残念ながら現実的にはそうはなりません。

実際、かつてわたしが会社員だった時代に同じ会社で働いていた同僚も、「隣の青い芝生《しばふ》」を見て転職していきましたが、数年後、また同じ不満を抱えて再び別の会社に転職しました。その後も「理想の条件」を求めて転職をくり返し、結局いまだにたどりつけていないようです。

そして、先日久しぶりに会ったときは「不景気な日本経済が悪い」と愚痴《ぐち》っていました。

おそらく彼は、これからも不満を抱えながら、愚痴りながら、転職をくり返すはずです。ですが、考え方を根本から変えないかぎり、一生「理想の条件」の会社に就職することはできないでしょう。

なぜなら、問題の本質は、個別のA社、B社、C社の給与体系や条件にあるわけではないからです。一見、条件が良さそうに見える同業他社に転職しても、本質的には何も解決しないのです。

もっと根本に流れている「理屈」を理解し、そのうえで対処法を考えなければ、課題は解決されません。

わたしたちが生活に余裕を感じられないのは、「わたしたち自身の働き方」と「給料の構造」、さらには人間の「満足感の本質」にありました。これらのことを知らずに、いくら熱心に仕事に取り組んだとしても、問題は一向に解決しないのです。

「働き方」「給料の構造」と聞くと、どうしても人事論や組織論をイメージしてしまいがちですが、これはまったく違う話です。その前提にある、もっと本質的な「資本主義経済の構造・仕組み」の話になります。

それは、日本の企業が「暗黙の前提」として持っている構造なのです。

## 給料は、そもそも努力や成果がベースではなかった

「なぜ、こんなにがんばったのに、給料が大して上がらないのか?」

そう考えて、「うちの会社は自分を評価してくれない」とか「労働者は搾取されている」と考える人がいます。

また、マスコミが「貧困問題」を取り上げる際にも、「こんなにがんばっているのに、給料が少ない。この人は社会からイジメられている可哀想《かわいそう》な人だ」というような描写をすることがありますが、そう描く背景には、「がんばったら給料が高くなるはず」という思い込みがあります。

また一方で、「自分は会社に対してこれだけ貢献《こうけん》しているのに、まったく成果を出

していない同僚と同じ給料だなんて納得できない」などという不満を口にする人がいます。そういう人は、「成果を出したら給料が高くなるはずだ」と考えています。

しかし、こうした考えは大きな間違いであり、勘違いです。

すでに少し述べましたが、日本の企業において給料は「努力」や「成果」に応じて決まっているわけではないからです。

給料の金額は、「努力の量」によって決まっているわけではありません。ですから、「あの人はがんばっているのに給料が少ない」という問題提起は的外《まとはず》れです。

給料の金額は、「成果」によって決まっているわけでもありません。ですから仮に「自分が成果を出していて、同僚が成果を出していない」という主張が事実だったとしても、「それとこれとは別の話」なのです。

これはいったい、どういうことでしょうか？

このようにお伝えしても、まだ多くの読者の方は納得することができないでしょう。

みなさんは「がんばったら給料が上がる」「成果を出したら給料が上がる」と考えているし、また会社からもそのように言われてきたからです。

前置きがずいぶんと長くなりましたが、この章では「労働者の給料がどのように決まっているのか?」という問題について、資本主義経済の本質から解き明かしていきます。

「給料の構造」は、いくら企業の組織論や人事論に詳しくなったとしても、理解することはできません。もっと本源的な「資本主義経済の本質」「商品とは何か?」「商品の価値はどのように決まるのか?」といったことがわからないと、「給料とは何か?」という質問には答えられないのです。

## 給料は「明日も同じように働くために必要な経費のみ」

給料の金額を決めるのは、その人の「努力量」でも「成果」でもありません。では、給料の金額は何に基《もと》づいて決まっているのでしょうか?

さきほどお伝えしたように、多くの日本企業では、給料は「必要経費方式」で決まっています。それは「生きていくのにこれくらいお金がかかるから、その分を給料として渡そう」という意味でした。

ただし、「生きていくのに」とは、単に「生命を維持する」ということではありま

せん。「労働者として生きていくのに必要なお金」、つまり、

**●みなさんが明日も同じように働くために必要なお金**

という意味なのです。

これを、マルクス経済学では「労働の再生産コスト」と呼びます。「再生産コスト」とは、「もう一度同じことをするのに必要なお金」のことです。

たとえばこういうことです。

Yさんが労働者として一日働けば、おなかが減ります。そのため、翌日も同じように働くためには食事をとらなければいけません。ここで食費A円が必要です。

また、一日働いて体力を消耗《しょうもう》すれば、休む場所が必要です。つまり寝る場所が必要で、ここで家賃B円がかかります。

さらに、毎日同じ服を着て過ごすわけにもいかないので、洋服代（クリーニング代）C円も必要です。

さて、話を単純にするために、このYさんが翌日も労働者として働くために必要なのは、この3つだけだとしましょう。そうすると、このYさんの労働力の「再生産コ

スト」は、A円＋B円＋C円になります。

そして、この金額から給料の基準が決まります。

ここでは、Yさんがどれだけがんばったか、どれだけ成果を上げたかは考慮されていません。「努力量」「成果」は、給料の基準を決める要素には入っていないのです。

「そんなはずはない！　能力給や成果給を認めている会社は山ほどあるじゃないか⁉」

そういう反論もあるでしょう。たしかに実際には、能力や成果も給料に反映されます。しかし、さきほどもお伝えしたように、それはあくまでも「表面的・付加的な要素」であり、「多少のプラスアルファ」です。

日本企業の場合、給料の基本部分は上記の考え方で決まっているのです。

なぜそのようなことが断言できるのか？

それは本当に正しいことなのか？

ここからはマルクスの『資本論』にのっとって、順番に解説していきたいと思います。

## 資本主義経済の構造は、マルクスの『資本論』を読めばわかる

本書では、給料の決まり方、さらには資本主義経済の構造を、19世紀のドイツの経済学者カール・マルクスが書いた『資本論』を通して分析していきます。

自分の給料がどのように決まっているかを知るには、資本主義経済がどのような構造で作られていて、どのようにまわっているかを知らなければいけません。そして、資本主義経済の構造を知るには、『資本論』の理論を理解することが非常に有効なのです。

みなさんが持っている『資本論』のイメージは、「共産主義思想」「共産主義経済の理論」かもしれません。たしかにマルクスは共産主義を標榜《ひょうぼう》し、「労働者よ、団結せよ！」と訴《うった》えていました。

しかし『資本論』では、「なぜ共産主義にならなければいけないか」を説明するために、その前段として「資本主義経済の構造」が詳細に分析されています。

マルクス自身は、資本主義経済を分析することで、その制度の限界と労働者の行く末を予測し、「だから共産主義！」と唱《とな》えたのでした。

マルクスの意図としては「前段」として書かれた資本主義経済の分析ですが、これ

は非常に的確でした。特にいまの日本経済は、このマルクスの視点から見ると説明できるものが多くあります。

日本企業における給料の決まり方も、マルクスの分析から語れるもののひとつです。

もちろん、マルクスが生きていた150年前のヨーロッパ経済と現代の日本経済は大きく異なります。当時は「大企業」といっても現代のような世界的企業ではなく、「地元の大企業」というイメージでした。また、法整備もまったく進んでいなかったので、現代と比較にならないほど非人道的な環境で働かされる労働者が多くいました。

そのため、当時の社会情勢をもとにつくり上げたマルクスの理論を、現代にそのまま当てはめることはできません。

そういう意味では、『資本論』はかつての経済を分析した「歴史書」なのです。

しかし、『資本論』を「歴史書」「古い経済理論」であり「共産主義思想」を扱ったものだと考えるのは非常に表面的で、もったいない話です。

実際に起こっている事象は違いますが、資本主義経済の本質は当時から何も変わっていません。そして、その「本質」こそが、資本主義経済のなかで生きるわたしたちにとって、もっとも重要な部分です。

つまり、『資本論』を読むことで、普遍的でいちばん重要な「資本主義経済の本質」を理解することができるようになるのです。

ただ、そう言われても、にわかには納得できないと思います。

正直なところ、わたしも最初は『資本論』を「古い経済理論」だと考えていました。大学の必修科目で必要だったから仕方なく読んだだけで、読み終えたあとも、単に「学問」としてしか捉《とら》えられなかったのです。

そんな状態ですから、『資本論』の理論を現代の状況と照らし合わせて考えよう、これをベースにして自分の働き方を考え直そうとは、微塵《みじん》も思いませんでした。

ところがその後、「はじめに」でも少し述べたように、『金持ち父さん 貧乏父さん』を読んだときに、はじめて『資本論』の意味合いに気がつきます。

『金持ち父さん 貧乏父さん』の内容は『資本論』とまったく同じだ、『資本論』では『金持ち父さん 貧乏父さん』のメッセージが理論的に説明されている、と思えるようになったのです。

そう感じてから、あらためて『資本論』を読み返しました。

そこで、マルクスの分析の本当の重要性に気がついたのです。

ぜひ先入観を持たずに『資本論』の理論に触れていただきたいと思います。そこで語られることは『金持ち父さん 貧乏父さん』における〝目指すべき働き方〟の理論的分析です。

みなさんの給料がどのように決まっているのか、なぜ給料が年功序列的に決まっているのか、なぜ「窓際《まどぎわ》」のあの人のほうがあなたよりも給料が高いのか……すべての謎が一気に解決するはずです。

## 「使用価値」と「価値」は超重要キーワード

『資本論』は、わたしたちの給料構造の本質を解き明かすうえで、さらには現代の日本経済の構造を知るうえで、とても有効なものです。

なかでも特に重要なキーワードは、

### ●「使用価値」と「価値」

になります。

これらの言葉の意味を知らずして、給料の構造を理解することはできません。

さらには、今後自分がどのように働いていくべきか、自分にとっての「正しい働き方」とは何か、といった問題を考えていくこともできません。

ですので、まずはこれらの用語について解説していきたいと思います。

〈「使用価値」とは——〉

まず、「使用価値」という言葉について見ていきましょう。

『資本論』では、「有益性・有用性」という意味で「使用価値」という言葉を使っています。「使用価値がある」とは、「（その商品やモノを）使ってみて意味がある、何かの役に立つ」という意味です。

使用価値を持つのは商品だけではありません。拾った小枝を集めて焚火《たきび》ができれば、その小枝も役に立ちます。つまり、「使用価値」を持つことになるのです。

わたしたちは普段、この「使用価値」の意味で「価値」という言葉を使うことが多いのですが（「この情報には価値がある」など）、このあと解説するように、『資本論』では「価値」という言葉はまったく別の意味で登場します。

混乱しないように気をつけてくださいね。

たとえば「パンの使用価値」は、「食べた人の空腹感を解消すること」です。人がそれを食べて空腹を満たすことができるから、パンは使用価値を持つのです。

また「洋服の使用価値」は、寒さやダメージから身体を守ることであり、ファッションとして他人の目を引くことでしょう。「スマートフォンの使用価値」であれば、電話・メール機能に加えて、パソコンと同じように扱えることになります。

そしてマルクスは「非常に役に立つ（有益性が高い）商品」を「使用価値が高い商品」と表現しました。

便利な商品は「使用価値が高い商品」なのです。

たとえば、テレビがインターネットに接続されて、映画を直接ダウンロードできるようになれば、それだけ「使用価値」が高くなります。

『資本論』における「使用価値」の意味、おわかりいただけたでしょうか？

まだピンときていなくても大丈夫です。徐々に理解できるように、これからもっと詳しく説明していきます。

〈「価値」とは――〉

『資本論』のなかには「価値」というキーワードも出てきます。

これは、「使用価値」とは異なる概念です。

と同時に、普段わたしたちが使っている「価値」という言葉の意味ともまったく異なるものなので、誤解しないように細心《さいしん》の注意が必要になります。

しかし、この「価値」の意味を正確に把握することが、わたしたちの「給料の構造」を理解するためには不可欠です。ぜひここでしっかり押さえてください。

『資本論』において「ものの価値」は、「それを作るのにどれくらい手間がかかったか」で決まります。つまり、「労力がかかっているもの」「人の手がかかっているもの」が「価値を持つ」のです。

たとえば、パンに「価値」があるのは、「職人が朝から仕込みを始めて、時間をかけて焼き上げる」という手間がかかっているからです。また、洋服に「価値」があるのは、「誰かがデザインをして、生地《きじ》を切り、縫《ぬ》い合わせる」という手間がかかっているからです。

『資本論』においては、「人の手がかかっているもの」のみに「価値」があります。

逆にいえば、とりあえず人の手がかかってさえいれば、どんなものにも「価値がある」と言えるのです。

そして、「価値の大きさ」は、「その商品を作るのにかかった手間の量」で決まります。

「この商品は○○人で××時間かけて作ったから、すごい価値がある」というようなイメージです。作るのに1時間かかる商品よりも100時間かかる商品のほうが、大変な手間がかかった分「価値が高い」のです。

ここで注意しなければいけないのは、「価値の大きさ」には、その商品が有益かどうか、自分にとって嬉《うれ》しいかどうかは無関係だということです。

たとえば、『資本論』の解釈でいえば、「空気」には「価値」はありません。それは空気を作るのに、人の手がかかっていないからです。

人間には空気が必要で、なければ数分間で死んでしまいます。それぐらい「意味があるもの」「有益・有用なもの」ですが、マルクス的に言えば、人の手がまったくかかっていないので「価値」はないのです。

「価値」について考えるときは、単純に「人の手（つまりは、労働）がどれくらいかかっているか」が問題になります。

## 使用価値

それを使って
意味があるかどうか
(有益かどうか、役に立つかどうか)
で測られる

## 価値

それを作るのに
どれくらい手間がかかったか
で測られる

マルクス Point!

「使用価値」と「価値」は
まったく別の尺度。
しっかり区別!

## 「商品の価値」の決まり方

さて、「使用価値」と「価値」の意味を踏《ふ》まえ、今度は「商品の使用価値」と「商品の価値」の大きさについて考えていきましょう。

「商品の使用価値」は、「その商品を使って意味があるかどうか（有益かどうか、役に立つかどうか）」です。そして、その商品が有益であればあるほど、役に立つものであればあるほど、「商品の使用価値」は高くなります。

では、「商品の価値」はどうか？　「価値」の大きさは、人の手のかかり具合で決まると説明しました。ですが、ほとんどの商品は、その場でゼロから作り上げるのではなく、何か元となる原材料があり、その原材料を使って製造されています。

この場合、最終的に商品となるものの「価値」は、その原材料ひとつひとつにかけられた労力をすべて合計した大きさになります。商品は原材料で構成されているので、原材料の「価値」が、商品のなかにそのまま転移《てんい》することになるわけです。

原材料がたくさん必要な商品は、それだけ価値が高くなります。

ちょっとイメージがしづらいと思うので、具体的に「コンビニのおにぎり」で説明してみましょう。左ページの図を見てください。

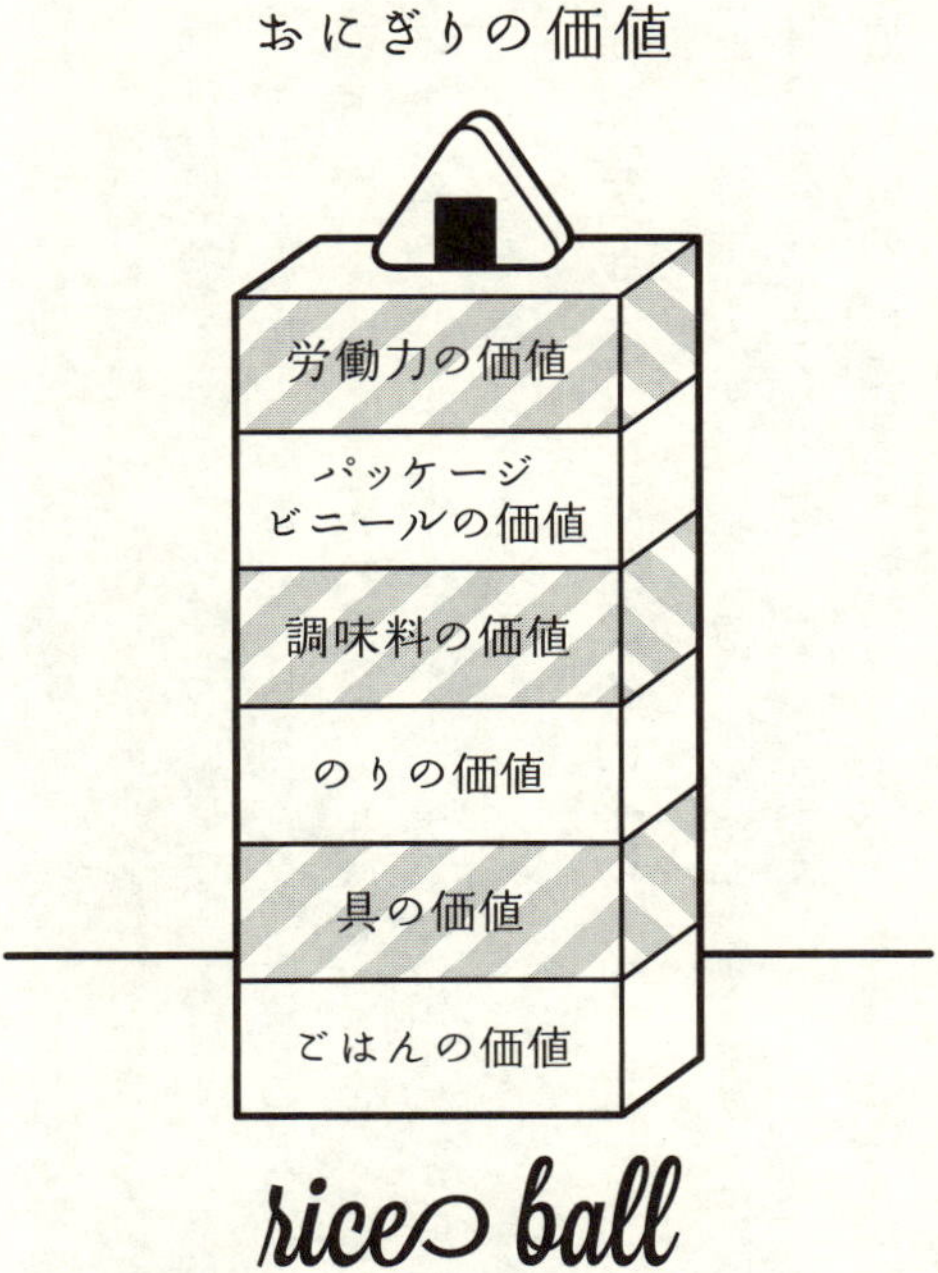


マルクス Point!

「原材料＋労力」が商品の
価値の大きさを決める!

最終的におにぎりを作るためには、ごはん、具、のり、調味料、ビニールパッケージを作らなければいけません。そのため、おにぎりの「価値」には、これら原材料の「価値」が積み上げで加算されていきます。

そして、その原材料を使って、誰か（労働者）が、おにぎりをにぎらなければいけません。原材料に労力をかけて、おにぎりの形にするわけです。

ここで「手間」がかかっているので、その分もおにぎりの価値に上乗せされます。

いま、話を理解しやすくするためにあえて単純化させて書いていますが、「必要な原材料の価値の積み上げ ＋ 加工する労力（労働力の価値）」が商品の「価値」になる、ということをまずはご理解ください。

## 価値を左右するのは「社会一般の平均」

さきほど「人の手がかかればかかるほど価値が高くなる」と説明しましたが、ただ、こう言われると、矛盾《むじゅん》が生じるように思えます。

効率が悪く長時間かけて作った商品は、手際《てぎわ》良く短時間で作った商品よりも「価値が高い」ということになってしまわないでしょうか？

だとしたら、わざとゆっくり、無駄を多くして商品を作れば、「価値が高い商品」

ができあがるということになります。
どう考えても、これはヘンですよね？
この問題に対して、マルクスはこう説明します。

**●商品の「価値」の大きさは、「社会一般的にかかる平均労力」で決まる**

商品を作り上げるのにかかる労力（手間や時間）は個人個人で違います。ですが、「商品の価値」はそのような個別の事情によって決まるのではなく、「その社会で平均的に考えて必要な労力」で決まるということです。

- この商品を作るには、通常これくらいの労力がかかる
- この商品の原材料は、一般的にこれくらいの量が必要（原材料を作るところから考えると、ぜんぶでこれくらいの労力が必要）

わたしたちも「この仕事だったら、これくらいかかりそう」という感覚値を持っていますよね。それと同じで、仕事やモノによって、社会一般的に必要な労力、すなわ

ち労働量が想定されています。その労働量が「商品の価値」とみなされるのです。

ですから、わざと効率を悪くして労力をかけても「商品の価値」は高くなりません。

一般的に2時間で終わる仕事を、自分は10時間かかって行ったとしても、「5倍の価値を生み出した」ことにはならないのです。

あくまでも「社会一般の平均」で決まります。

## 商品の値段は「価値」をベースに決まる

ここでもうひとつ、大事な認識をお伝えしましょう。

それは、

●商品の「値段」は、その商品の「価値」を基準に決まる

ということです。

価値が高い商品は、値段が高くなります。価値が低い商品は、値段が低くなります。

これは、にわかには納得しがたい事実かもしれません。というのは、一般的には、商品の値段は「需要と供給の関係」で決まっていると言われているからです。

また、商品が高く売れるかどうかは、その商品がどれだけ消費者に評価されるか（どれだけ消費者に有益性・メリットがあるか）で決定される、と考える人もいます。

たしかに商品の値段には、「需要と供給の関係」が考慮されています。そして、需要の大きさは、消費者がどれだけその商品を欲しがるかで決まり、消費者がどれだけその商品を欲しがるかは、その商品がどれだけ有益か（「使用価値」があるか）で決まります。

つまり、「需要と供給の関係」や「使用価値」も、商品の値段には影響を及ぼしているのです。

ですが、このことだけで商品の値段を説明することはできません。

たとえば、「ビル」と「鉛筆《えんぴつ》」をイメージしてください。

仮に、両方とも自分にとっては欠かせない、どちらが欠けても仕事ができないものだとします。どちらも同じように「使用価値」が高いということです。

でも、同じように「使用価値が高い」としても、「ビル」と「鉛筆」は絶対に同じ値段にはなりませんよね。

なぜか？

それは「価値」が違うからです。

ビル一棟《いっとう》を建てるのに必要な建材、手間、時間と、鉛筆一本を作るために必要な材料、手間、時間は明らかに違います。

その「差」が、商品の値段の差になっているのです。

世の中の商品の値段は、まずその商品が持っている「価値」が基準になっています。

そしてそのうえで、使用価値が高く「需要が供給よりも大きい」場合は、その「基準値」から値段が上がっていきます。

反対に、価値があっても使用価値がない商品は、「需要が供給より小さい」ため、値段を下げないと売れません。だから値段が下がっていきます。

このように、まずは商品の価値の大きさを基準にして、そこをベースに商品の有益性が反映されるのです。

「まずは価値が基準となっている」ということを覚えておいてください。

また、好景気（インフレ）、不景気（デフレ）、為替《かわせ》の変動なども、同様に二次的な

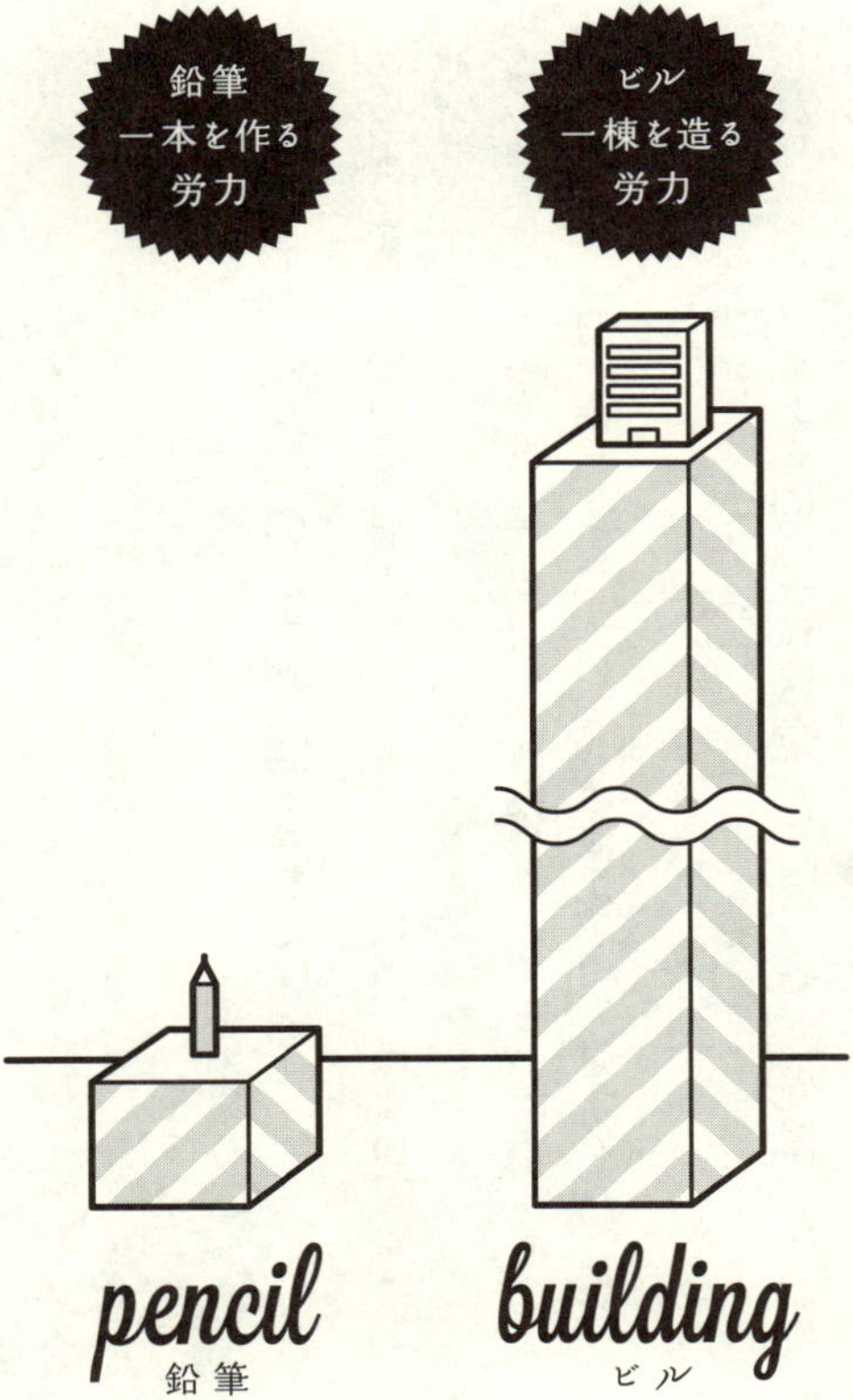


マルクス

**Point!**

**同じくらい便利でも、**
**価値が違えば値段は違う!**

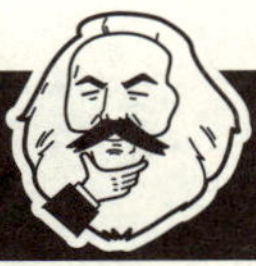

要素です。好景気のときには同じ商品でも値段が上がり、不景気でモノが売れない時代には、値段が下がります。

輸入品であれば為替相場の影響も受けます。

しかし、それらもすべて「価値」を基準にしたうえでの「プラスアルファ」の要素なのです。

## そもそも「価値」の定義が誤解されている

このような見方で商品の値段を捉えている人は多くはないでしょう。

通常は、

「この商品はこういう役に立つから、値段はこのくらい」

「おにぎりは空腹を満たせて、そのときの満足感を考慮すると、値段は○○円程度になる」

などと考えます。

しかし、くり返すように、それは誤った認識です。「価値」と「使用価値」の概念を混同しているのです。

ビジネスでは、商品の有益性を「価値」という言葉で表現することが多いです。

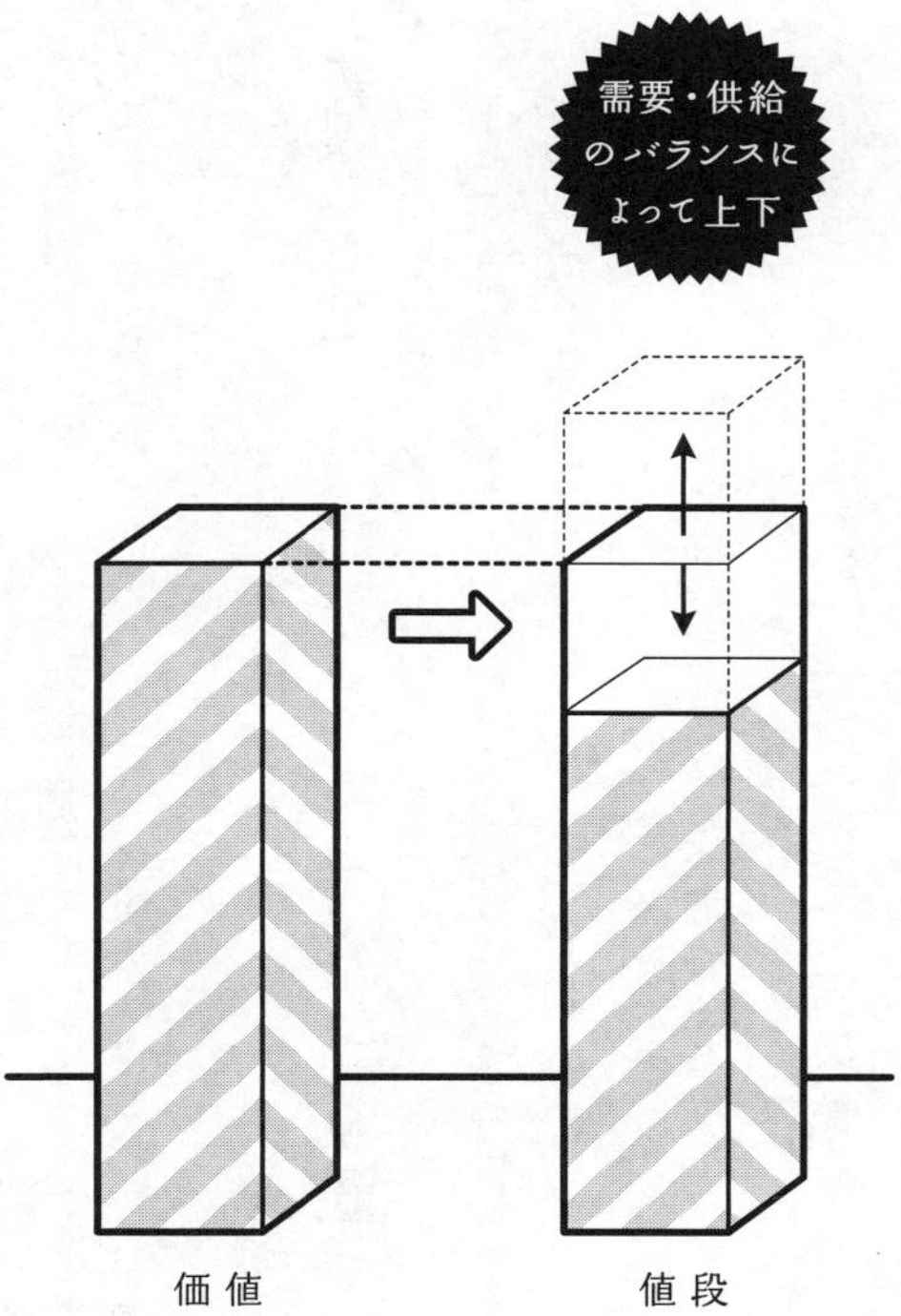


**原則**　商品の「値段」は
その商品の「価値」を基準に決まる

コグレ
**Point!**
**商品の需給バランスは、
実は二次的な要素！**

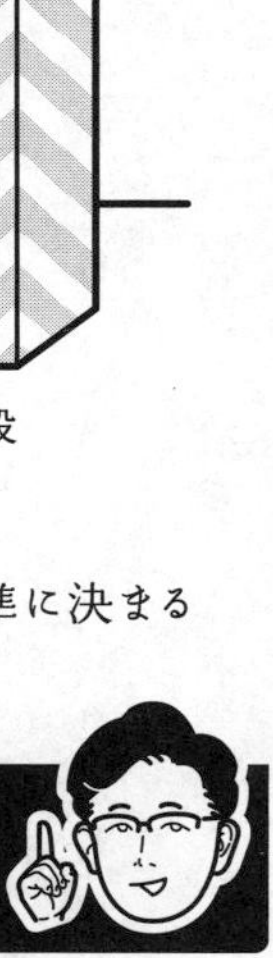

「役に立つ」ということを「価値がある」と表現しているのです。

しかし、『資本論』の定義でいえば、これは「使用価値がある」と言うべきです。

ある家電量販店のチラシに「生活に価値あるものを安くご提供！」というコピーがありました。これは明らかに「みなさんの生活に役立つ（使用価値がある）ものを安く売りますよ」という意味です。

また、たとえば社会に大きく貢献するようなビジネスを取り上げて「このビジネスには価値がある」と言うことがありますが、この「価値がある」も「意味がある」、すなわち「使用価値がある」ということですね。

つまり、普段わたしたちがなにげなく使っている「価値」という言葉は、『資本論』でいう「使用価値」の意味であることが多い、というより、それがほとんどなのです。

そしてこれが、「商品の価値」という言葉の意味を混乱させるいちばんの要因になります。ここを誤解していると、「商品を高く売るためには、何をしたらいいか？」という問いに、正しい答えを出すことができなくなります。

何度もくり返すように、商品の値段は「価値（その商品にかかっている労力）」によって決まっていて、そこから「需要と供給の関係」によって値段が上がったり下がったりします。

一般的に商品の値段を決めると思われている、その商品の「品質」（「おいしい／まずい」「軽くて持ち運びに便利」「壊れやすい」など）や「有益性がどの程度か」は、あくまでも付加的な要素なのです。

ここは、強調してもしすぎることはありません。

なぜなら、この「価値＝値段」という理屈が、わたしたちの給料の金額にも当てはまっているからです。

給料を上げるためのポイントが、ここに隠されているのです。

## おにぎりの値段はなぜ100円なのか？

「商品の価値」は、その商品を生産するのに必要な「原材料の価値の合計」によって決定されます。そして、「原材料の価値」が基準になって、原材料の値段が決まっています。

ということは、ある商品の値段は、その原材料の値段の積み上げで構成されていることになります。

いったい、どういうことか？

たとえば、さきほどのコンビニのおにぎりの例を思い出してください。

おにぎりの値段は、原材料の値段の合計＝100円と決まります。

そして、その100円を基準値として、そこから「需要と供給の関係」で120円に上がったり、80円に下がったりするのです。

これが、資本主義経済における「商品の値段」の決まり方です。

消費者に求められる「人気がある商品」の値段が高くなるようなイメージがありますが、それは二次的な要素です。

値段の基準を決めるのは、「その商品を作るのにどれだけ労力がかかっているか」という「価値」の大きさなのです。

## 経済学的に見れば、労働力も「商品」

会社員は会社からお金をもらって、会社のために働いています。これはつまり「自分の労働力を売っている」ということです。

ここでひとつ、とても重要なことをお伝えしましょう。

それは、

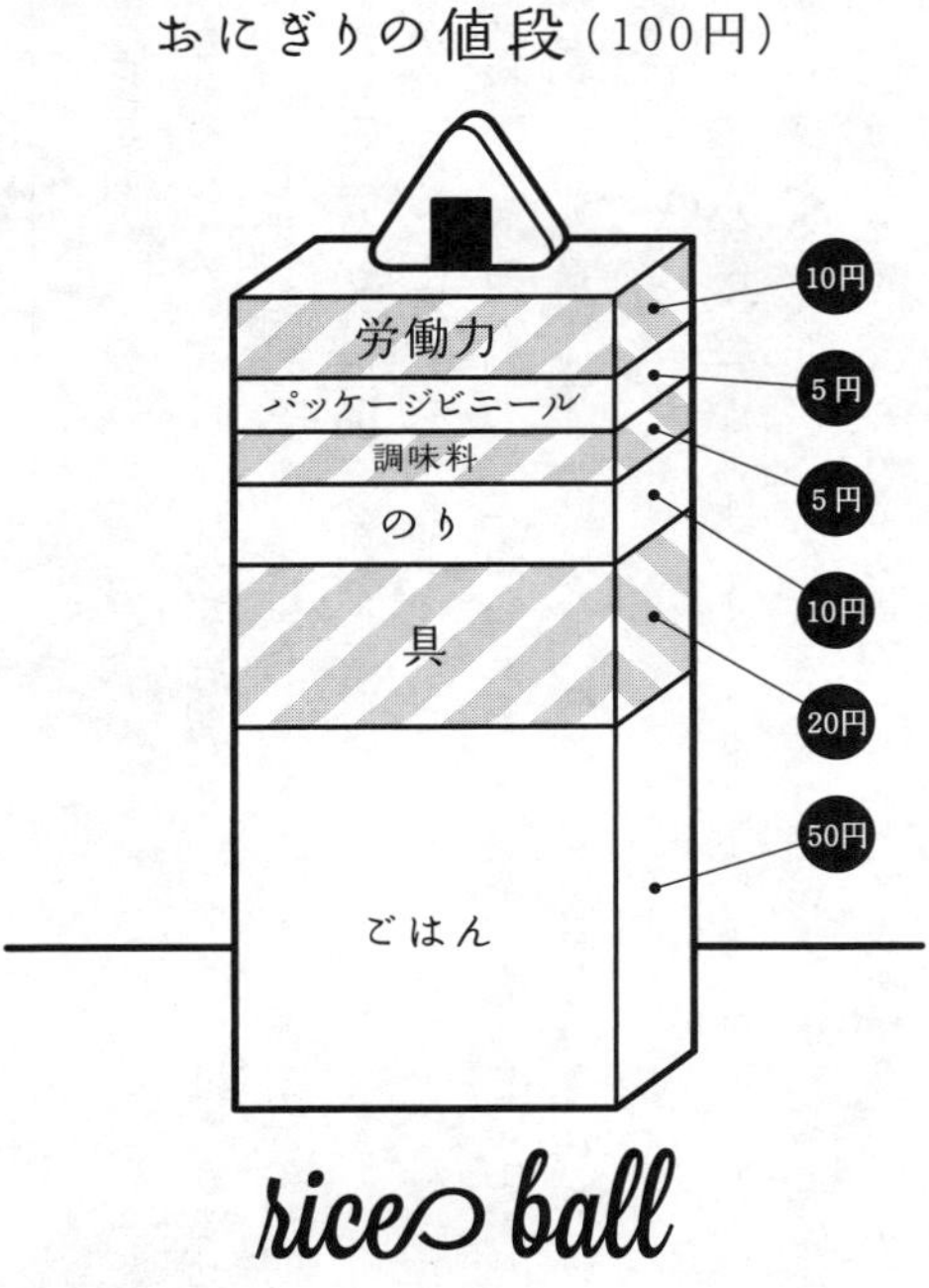


マルクス
Point!
価値の積み上げで
値段の基準が決まる!

## ●労働力も「商品」である

ということです。

これはもちろん、わたしたち自身が商品だということではありません。それでは人身売買《しんばいばい》になってしまいます。そうではなく、わたしたちが自分の時間とエネルギーを使って働く行為自体が「商品」なのです。

小売店がお客さんに商品を売るように、レストランがお客さんに食事を提供するように、会社員は自分の労働力を「商品」として企業に売っています。

会社員にとっての売り物は「自分の労働力」で、通常の商品とまったく同じように「取引」を行っているのです。

わたしたちの「労働力」がスーパーマーケットの棚《たな》に陳列《ちんれつ》されているわけではありませんが、労働力を買いたい人（企業）と売りたい人（労働者）が条件交渉をして取引をするという意味では、やはり労働力も「商品」なのです。

とはいえ、そのように考えてはいない人が大半《たいはん》でしょう。

「自分の能力を高く買ってもらう」「転職市場で自分を高く売る」といったフレーズ

はありますが、それは比喩《ひゆ》的表現であり、実際に自分の労働力を一般の商品と同じように見ているわけではありません。

さて、労働力も商品であるならば、その「労働力という商品の価値」も、その他の一般的な商品と同じように決まるはずです。つまり、労働力という商品の価値は、「その〝労働力〟という商品を作るのに必要な原材料の価値の合計で決まる」というわけです。

では、その「労働力を作るのに必要な原材料」とは何か？

「労働力」というモノ（物質）はありません。したがって、労働力を「形作っているモノ」も存在しません。

ですが、「何があったら、わたしたちは労働力を売ることができるか？」と言い換えてみると、イメージしやすいのではないでしょうか？

「労働力を売ることができる」ということは、要するに「働ける状態にある」ということです。つまり、「その日一日、働けるように準備しておく」ということです。

ということは、「労働力を作る」とは、今日一日働いて「エネルギー0」の状態から、翌日も働けるように「エネルギー100（満タン）」の状態にまで回復させることだと考えられます。

これをマルクスは「労働力の再生産」と表現しました。

つまり、「労働力の価値」とは、労働力の再生産に必要なものの価値の合計なのです。

具体的に言うと、どういうことか？

労働者が一日働いて、翌日も働けるようになるためには、食事をとり、家で寝て休まなければいけません。

また当然、衣類も必要です。そのほかに、気晴らしのために飲みに行くことや、友人と連絡を取るための携帯電話も必要です。

もちろん、他にも生きていくために必要なものはありますが、すべてリストアップすることはできないので、ここでは単純化するために外して考えます。

そうすると、「労働力の価値」とは、左ページの図のように表すことができます。

このように理解している人は少ないのではないでしょうか？

「自分の労働力を企業に売っている」という認識はあっても、そもそも「売り物」で

## 労働力の価値

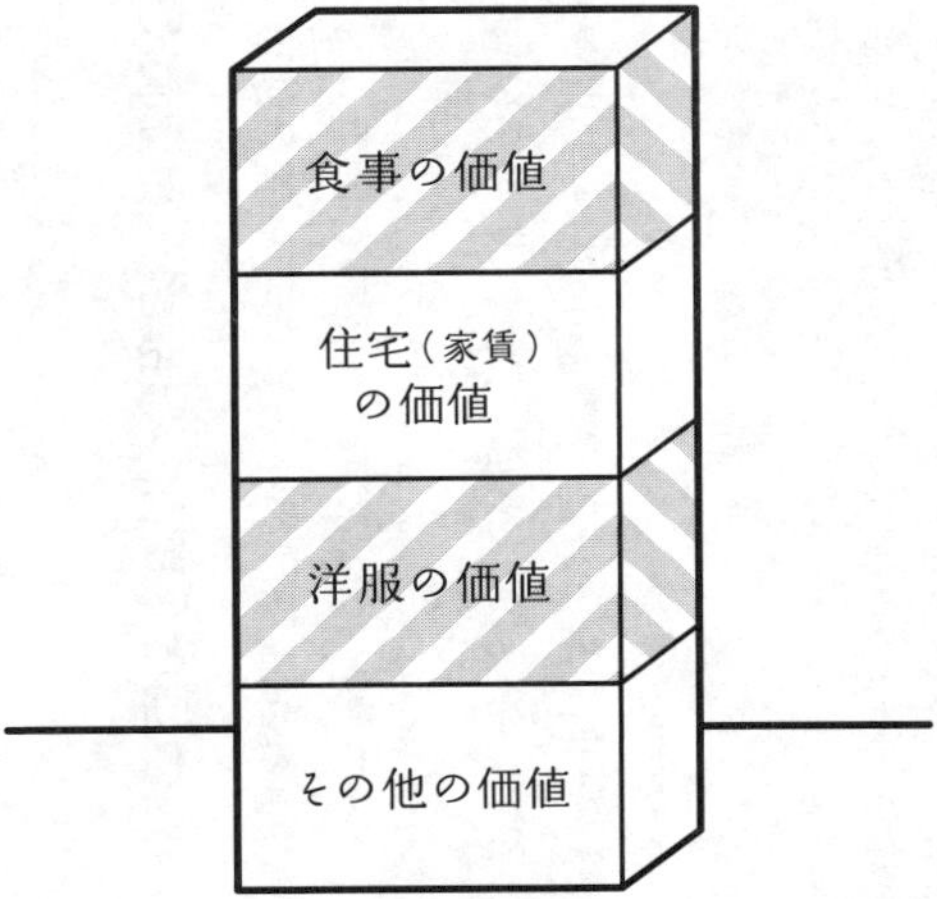


**労働力の価値** 明日も同じ仕事をするために必要なものの価値の合計

マルクス
Point!
「労働力の価値」も
「商品」と同じ理屈で決まる!

ある労働力の価値をこのように捉えている人は、ほとんどいないと思います。

ですが、この理解があるかどうかが、自分の給料の決まり方を理解するうえで非常に重要になってくるのです。

## 労働力の値段も、商品の「価値」と同じように決まる

労働力という商品の価値は、他の一般的な商品の価値と同じように決まります。そして、労働力という商品の値段も、他の商品と同じように、価値がベースになって決まります。

「労働力という商品の値段」とは、要するにみなさんの「給料」のことです。

みなさんの給料は、「みなさんの労働力の価値」が基準になって決まっていたのです。

ここで、あらためて質問をしてみましょう。

「なぜ、こんなにがんばったのに、給料が大して上がらないのか？」

「なぜ、こんなに成果を上げたのに、給料が大して上がらないのか？」

多くの人は、「がんばったら、その分給料を上げてもらえる」「成果を上げれば、その分給料が上がる」と考えています。

しかし、給料が「労働力の価値」を基準として決まっているのであれば、いくらがんばっても、どんなに成果を上げても、77ページの図にある「価値」が変わらなければ給料は変わらないことになります。

「そんなことはない！　現に成果を出している人は社内でも昇給するし、転職をすれば給料が上がっていくじゃないか」

そのような反論もあるでしょう。

ですが、これも通常の商品の値段の決まり方と同じ理屈です。

通常の商品は価値を基準として、「需要と供給の関係」で値段が変化しました。それとまったく同じように考えることができます。

成果を出している人は、多くの企業から「需要」されます。そのため、需要過多になって、「値段（給料）」が上がっているのです。

給料が上がるのは、決して成果を出しているからではありません。その証拠に、会社に対して2倍の利益をもたらしている人が、2倍の給料をもらっているかというと、そんなことはないはずです。

2倍の利益をもたらしている人は「引く手あまた」なので、「需要と供給の関係」から給料が上がっているだけなのです。

## 発展途上国の人件費が安い「根本的な理由」

先進国と発展途上国の人件費を比較すると、「成果（会社にもたらしている利益）」と給料が無関係であることを、より納得していただけるでしょう。

いまや多くの日本メーカーが中国や東南アジアへ工場を移転しています。人件費が安いからです。

途上国に工場を移しても、生産する商品は一緒です。途上国で生産したものを日本やアメリカで販売していますので、商品の売値（企業の売上）は変わりません。

ということは、日本で働く労働者でも、途上国の労働者でも、同じ業務を担当しているのであれば、「成果」はまったく同じはずです。

ところが、途上国の人件費は、日本・アメリカなどに比べて格段に安い。

それはなぜか？

「途上国だから」

それでは、問題にちゃんと答えたことにはなりません。途上国だとなぜ給料が安くなるのかを、根本的なところから考えなければならないのです。

答えを言いましょう。

途上国の人件費が先進国に比べて安いのは、「途上国の物価が安いので、労働者は安く生活ができる。労働者が安く生活できるということは、労働力の再生産コストが低い。つまり、労働力の価値が低い」からです。

やはり「労働力の価値」が給料の金額を決めているのです。

## スキル習得費が「労働力の価値」に加算される

わたしたちの給料は、以上のように「労働力の価値」で決まっています。

ただし、たとえば同じデスクワークでも、単純作業と弁護士では給料の金額が大きく異なります。

この理由も、通常の商品と同様に考えます。

コンビニのおにぎりは100円程度で買うことができますよね。一方で、デパ地下のお惣菜屋《そうざいや》さんで売っているおにぎりには、1個200〜300円するものもあります。

同じおにぎりなのに、どうして値段に2〜3倍の開きがあるのでしょうか？

その値段の差は、原材料の差です。

デパ地下のおにぎりは、「紀州《きしゅう》の梅」「知床《しれとこ》産サケ」など、高級な具材が使われていたり、お米自体も高級なものを使っていたりします。だから「価値」が高くなるのです。

「紀州の梅」は、通常の梅よりも、おそらく手間をかけて生産されています。「紀州の梅」を作るのに、通常の梅よりも労力がかかれば、当然「おにぎりの価値」も上がっていくわけです。

何度もくり返すように、商品の価値の大きさは、原材料の価値を合計した大きさになります。ただし、原材料をテーブルの上に置いておけば勝手に商品が完成するわけではありません。誰かが原材料に正しく手を加えて、加工しなければいけません。おにぎりであれば、おにぎりを適切な圧力でにぎるための技術や、形が崩《くず》れないようにパッケージで包む方法も知らなければならないでしょう。

こういったスキルも、「原材料」の一部と考えられます。「紀州の梅」にかけた労力がそのままおにぎりの価値として積み上げられるのと同じように、おにぎりをにぎるスキルを身につけるために必要な労力は「スキルの価値」となり、他の原材料とともに商品の価値を形作るのです。

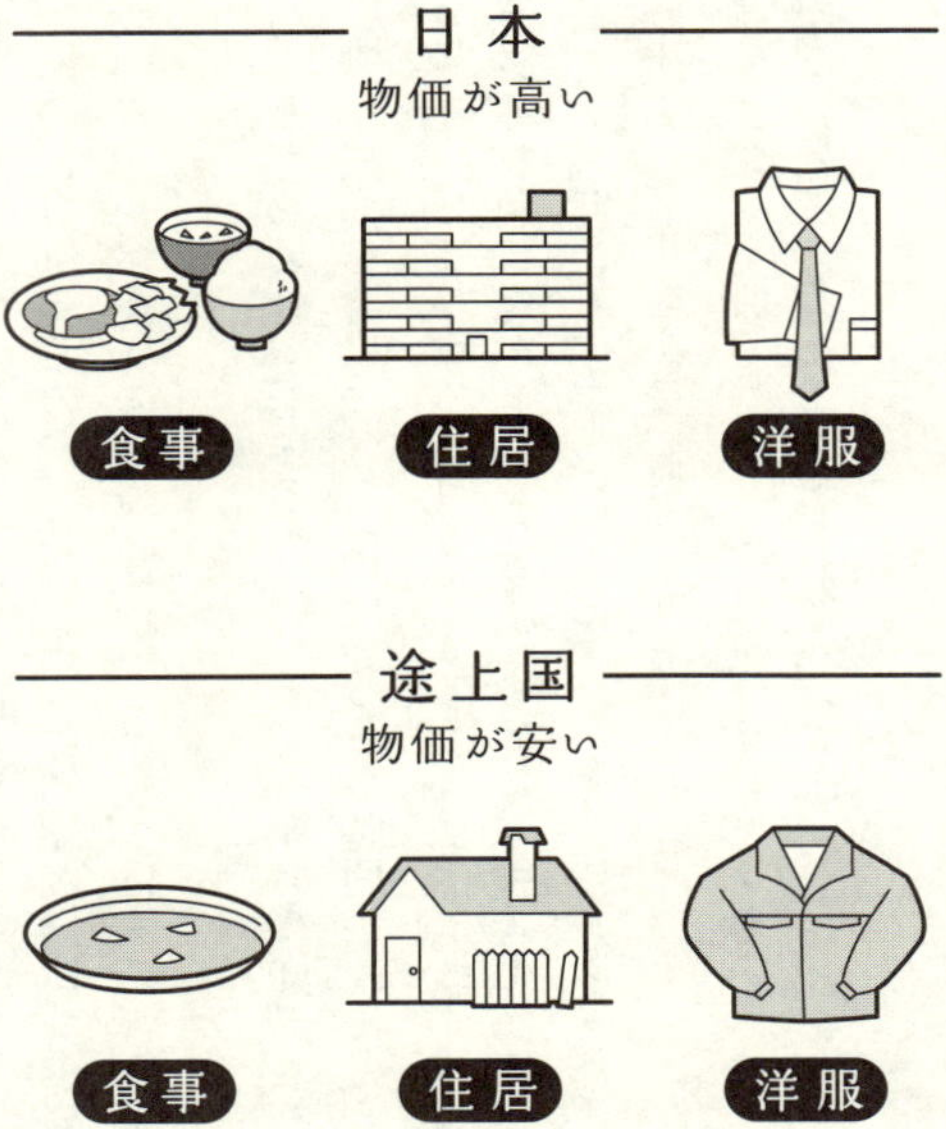


途上国の人件費が安いのは、
「労働力の価値」が低いから

コグレ Point!

**給料の差は、**
**「労働力の価値」の差！**

労働力の価値も、これとまったく同じ理屈で考えられます。

Aさんの仕事をするのに、レベルAの知識と技術が求められるとします。そして社会一般的に、レベルAの知識・技術を身につけるのに、100時間かかるとしましょう。

一方、Bさんの仕事をするのには、レベルBの知識と技術が求められます。レベルBの知識・技術を身につけるには、200時間かかるとします。

この場合、Bさんの労働力の価値のほうが高くなります。

商品の原材料にその商品を作るための「スキルの価値」が含まれるのと同様、労働力としての商品にも、「その仕事をするために必要なスキル」を身につけるためにかかった労力（費用や手間・時間）が考慮されます。

食費、家賃、洋服代、ストレス発散のための飲み代などのほかに、スキル習得費が「労働力の価値」として考慮されるのです。

レストランのシェフになるためには、長い間、修業しなければいけません。その修業があって、はじめてシェフとして働くことができます。つまり、その修業が「シェフとして働く」という労働力の「原材料」になっているわけです。

なので、シェフという労働力の価値には、日々のシェフの労働だけでなく、この修業期間にかけた過去の労力も含まれています。

同じように、大学の先生になるためには、専門分野の知識を身につけるために勉強し、論文を書かなければいけません。この勉強期間や論文を書くのに費やした労力も「大学の先生の労働力の価値」に加算されます。

また、免許・資格がなければできない職業もあります。もし、その免許・資格を取るのに100万円かかったとしたら、かかったお金の分は、その仕事をする労働力の価値に加算されます。

ただし、100万円かかって免許・資格を取得したとしても、初回の仕事でいきなり100万円全額を「労働力の価値」として上乗せしてもらえるわけではありません。

その免許・資格の有効期間を考慮したうえで、その期間内で「100万円」を均等割りにしたものが、労働力の価値に上乗せされるのです。

いずれにせよ、「その仕事ができるようになるための準備」に費やした労力も、「労働力の価値」として加算されるのです。

## なぜ医者の給料は介護士の3倍以上なのか？

労働力の価値には、その仕事をするのに必要なスキルを身につける労力も加算されると説明しました。ということは、そのスキルを身につける労力が大きい仕事は、労働力の価値が高くなり、よって給料が高くなるということです。

たとえば、一部の医者の時給は1万円とも言われています。一方、一般企業の会社員の時給は1000〜3000円です。しかし、この差を「医者の仕事のほうが一般的な仕事よりもむずかしいから」「人が生きていくための重要な仕事をしているから」と捉えてはいけません。

それでは給料の本質が見えなくなります。

実際に医者の仕事は大変ですし、むずかしい業務だと思います。内科、皮膚《ひふ》科、小《しょう》児《に》科、眼科……どれをとっても人が健康に生きていくために必要な、重大な仕事です。しかし、「高度だから、重大な仕事だから、給料が高い」のではないのです。

ここを見誤らないようにしなければなりません。

もし「人が生きていくために必要な、重大な仕事」に高いお金が払われるのであれば、介護士の給料も同程度に高くなるはずです。しかし、医者の平均年収が1000

万円近くなのに対し、介護士の平均年収は約300万円です。

同じく「人が生きていくために必要な、重大な仕事」にもかかわらず、給料が大きく違うのです。

医者の給料が高いのは、医者の仕事をこなすために膨大《ぼうだい》な知識を身につけなければならず、そのために長期間準備をしてきたからです。医者になるまでの準備が大変で、みんながそれを理解しています。だから給料が高いのです。

介護士の仕事は非常に重労働で、社会的意義も高い仕事です。しかし、介護士になるための準備は、医者になるための準備よりも少なくて済みます。

この差が、給料の差になっているのです。

## 「資格手当」がつく本当の理由

「資格手当」が支払われる会社があります。

「成果」が給料になっていると考えた場合、これは不思議な「制度」ですよね？

給料が成果で測られているとしたら、その人が資格を持っているかどうかは、給料とは直接関係ないはずです。

ですが、「労働力の価値」には準備にかかった労力も含まれると考えると、なんら不思議ではありません。資格手当があるのは、「その資格を取るのに労力がかかっていると考えられているから」なのです。

逆に、誰にでも簡単に始められる仕事は、「身につけるべきスキル」がないので、その分給料が低くなります。いくらがんばっても、いくら成果を上げても、「また明日、同じ仕事を簡単にできてしまう」のであれば、当然、「必要経費」は少なくなります。

そう考えると、単純作業者の給料が低いのは「必然」だと言えます。

「有名大学を卒業した」とか「毎日長時間労働をしている」といったことは関係ありません。その「労働力」を作るための原材料費が少ないため、給料が低いのです。

## オジサンの給料が高いのはあたりまえ

手当といえば、会社には「家族手当」といったものもあります。労働者が結婚し、子どもが生まれて扶養《ふよう》すべき家族ができると、家族手当が支給されることがあります。

家族手当の意味を厳密に考えたことがある方は、それほどいないでしょう。しかし、冷静に考えると不思議ではないですか？　家族が増えたとしても、会社の業績にも本人の仕事ぶりにも、直接的な影響はありませんよね。

しかし、いわゆる「日本企業」においては、家族手当を従業員に払っている企業がたくさんあります。

この家族手当も、労働力の価値という意味で考えると、すべて説明がつくでしょう。

労働者に扶養すべき家族がいる場合、「明日も同じ仕事をするために必要な費用」には、家族の生活費も含まれるのです。というのは、家族が生きていかれないような環境や条件で、その労働者自身が仕事を続けるとは思えないからです。

家族を養うことも「明日も同じ仕事をするために必要な行為」なので、その分を必要経費として払う、という論理です。

そう考えると、日本企業で給料が右肩上がりになっているのも、年功序列型で給料が決まっているのも、納得できます。年齢が上がるにつれて給料が増えていくのは、社会一般的に考えて必要経費が増えるからなのです。

たとえば、かつての典型的な日本人をイメージすると、「25歳で結婚し、28歳で子どもが生まれ、家族は４人」というような社会通念がありました。「社会一般的」に○○歳では××円くらいかかる、という一種の相場があったのです。

子どもが生まれれば、必要な生活費は増えます。また、子どもが成長していくと、手がかからなくなる代わりに、教育費などでよりお金がかかります。

つまり、「典型的な日本人」は、年を追うごとに必要な生活費が増えていったのです。だから、給料が右肩上がりに増えていったのです。

わたしの昔の職場には、「あのオジサンたちはなんにも仕事をしていないのに、自分たちより給料が高いのはおかしい」というような不満を言う若手社員がいました。でも、くり返し説明しているように、給料は成果を出しているかどうかで決まるわけではありません。その「オジサンたち」の生活費が高く、「明日も同じ仕事をするために必要な費用」が高いから、給料が高いだけなのです。

同様に、持ち家を買ったら「住宅手当」を出す会社があります。賃貸や社員寮《りょう》に住んでいた人が持ち家を買ったら、それまでより「住居費」が高くなります。だからその分を必要経費として払っているのです。

冷静に考えれば「家族手当」や「住宅手当」は、労働者本人の成果や努力と無関係だということは理解できます。

しかし、もしそれらを当然の権利としてもらっていたとしたら、自分の給料は自分

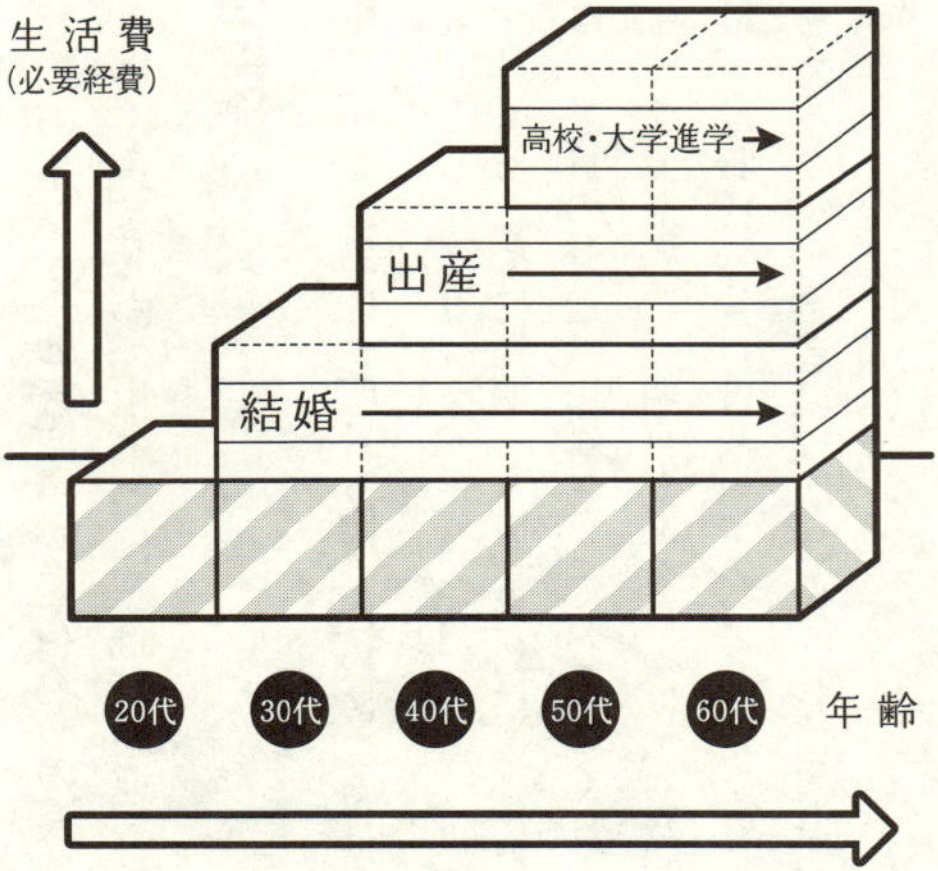


年功序列型で給料が右肩上がりに
増えるのは、年を追うごとに生活費が
高くなるから

コグレ
Point!
仕事をしない
オジサンでも、年齢とともに
給料は上がる！

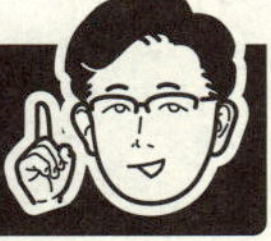

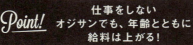

が出した成果や自分の努力を元にしては決まっていない、ということを受け入れていることになります。

その場合、窓際のオジサンを見て、「なんであの人は仕事もしてないのに……」と不満を言うことはできません。根本的に認識が間違っているのです。

## 給料の正体

労働力を再生産するために(明日も働くために)、食事をとらなければいけません。だから会社は、食費の分だけ給料としてお金をくれます。

労働力を再生産するために(明日も働くために)、休息をとらなければいけません。だから会社は、家賃の分だけ給料としてお金をくれます。

労働力を再生産するために(明日も働くために)、衣服を着なければいけません。だから会社は、洋服代の分だけ給料としてお金をくれます。

このように考えると、労働者は「明日も同じ仕事をするために必要な分」しかもらっていないのです。

また、社会平均的に「ひと月に数回は飲みに行って気晴らしをしないとやってられない」と考えられていたとしたら、その飲み代も「必要経費」として給料に上乗せされて支給されます。

ただこれも「精神衛生を守るための必要経費」なのです。必要だからくれるだけであって、決して労働者が「がんばったから」「成果を出したから」くれるわけではありません。

わたしたちの給料は、このように「必要経費の積み上げ」によって決まっているのです。

「必要経費方式」の本当の意味をご理解いただけたでしょうか？

そしてこれが、「なぜ、あなたの生活には余裕がないのか？」の答えになります。

ワーキングプアという言葉が当てはまってしまう人から年収1000万円の高給取りまで、みんながみんな「自分の生活には余裕がない」と感じているのは、給料が「必要経費分」だからです。

必要経費分しかもらえない、つまり「必要以上」はもらえないのです。

給料として受け取っているのは、労働者として働き続けるために必要な経費だけです。業務に必要な経費を会社から支給されているというイメージです。

たとえば、業務中にユニフォームを着用することが義務付けられているとします。

業務で使うものなので、会社からユニフォーム代5万円を支給され、自分で購入することになりました。

このとき、5万円が振り込まれても、みなさんは「裕福」にはなりません。なぜなら、そのお金は自分が働くのに使わなければいけない「必要経費」だからです。そのユニフォーム代がいくら高額になったとしても話は同じです。

同じように、仕事で必要だった交通費を振り込まれても、「やった！　これで生活が楽になる」とは思わないでしょう。それは、自分が立て替えていた「必要経費」だからです。接待費の領収書を精算してお金が振り込まれたときも、「儲かった！」とは思わないですよね。

みなさんが毎月会社からもらっている給料は、これらとまったく同じ考えに基づいています。働くのに必要な経費をもらっているだけなのです。

そしてこの構造は、「ワーキングプア」でも「高給取り」でも変わりません。高い給料をもらっている人は、自分が仕事で使う経費が高いだけです。

たしかに、必要経費の分だけ、振込金額は増えます。そのため、表面的には「お金持ち」「裕福」になったように思います。ところが、仕事をしているとそのお金は自然となっていきます。

「いつの間にかお金がなくなっちゃうんだよ。不思議だよな」と冗談交《ま》じりに言う人がいますが、まったく不思議なことではありません。もらっているお金は明日も仕事をするために必要な金額のみですから、仕事をしていればなくなるのは当然なのです。

日本企業で考えると、高給取りの人は一般的に、仕事で多大な責任やプレッシャーが発生して、体力や精神力を回復させるためにより多くの費用がかかります。時間が貴重なので、移動はタクシーになったりもするでしょう。

このようにたくさん経費がかかるから「高給」なのです。

決して成果を上げているから高給なのではありません（外資系金融マンは給料の決まり方が「利益分け前方式」なので、この話は当てはまりません。ご注意ください）。

また、年功序列型の給料が右肩上がりなのも同じ理屈です。

ある程度年齢がいくと結婚して、家族を養うのにお金がかかるから、その費用分が給料に上乗せされます。だから「高給」なのです。

ですが当然、その人が生活していくと、家族を養うために必要な金額をもらっているだけなので、月末になれば「いつの間にかお金がなくなって」います。

最近では、給与体系が異なるユニークな人事制度を採用する会社も増えてきました。しかし、日本全体で考えると、このような考え方が背景にあり、給料が決まっているのです。

## 「オレにはこれだけ必要！」は通用しない

給料が必要経費分だといっても、当然ながら「自分が必要だったらいくらでも出してくれる」というわけではありません。

商品の価値は「社会一般的に必要な手間の量」で決まると説明しました。「社会一般で考えて、その商品を作るにはこれくらいの原材料や手間が必要だ」という量が、商品の価値になります。

労働力の価値も同様です。

労働力の価値として認められるのは、「社会一般的に必要な費用」だけです。個人的に「もっと食費や飲み代が必要！」と言っても、通用しないということです。

なんだかネガティブな内容に聞こえるかもしれませんが、そうでもありません。じつはこの構造こそが、生活に余裕を生み出すカギにもなるのです。

「社会一般的に必要な費用しかもらえない」ということは、裏を返せば「社会一般的に必要とみなされている分は、たとえ個人的には不要でももらえる」ということになります。

たとえば、通常の会社では、通勤交通費を支給してくれます。ただ、「月に3万円まで」と決まっている場合や、「一律3万円」という支給方法もあります。

ここで「一律3万円」というのは、「仮に通勤交通費が2万円しかかかっていなかったとしても、3万円支給する」という意味ですよね。平均的に「3万円」かかっているので、かかっていない人にもその額を支払うということです。

これが「（個人的には不要でも）社会一般的に必要とみなされている分をもらえる」という意味です。もし、社会一般的にかかる必要経費より、個人的にかかる必要経費が少なければ、その分「儲かる」ことになりますよね？

この「個人的にかかる必要経費が社会一般よりも少なければ儲かる」ということが、とても重要な認識であり、このあと、本書のメッセージを理解するうえでのポイントになります。

忘れないようにしてください。

## 同じ仕事でも、会社によって給料が違うのはなぜか？

さて、ここでひとつの疑問にぶち当たります。

「なぜ、まったく同じ仕事をしているのに給料が違うのか？」という疑問です。同じ職種でも、会社によって給料は異なります。一般的に、大企業のほうが中小企業よりも給料が高く、また親会社のほうが子会社よりも給料が高いですよね。

「中小企業や子会社のほうが、企業の利益が少ないから」

そうイメージする人が多いかもしれません。「会社の利益が少ないから、社員の給料も少ない」という理屈です。

たしかに表面的にはそう見えます。ですが、それは本質的な理由ではありません。「会社の利益が少ないから、社員の給料も少ない」のは、「給料が少なくても他社に転職しない社員がいるから」です。利益が少ないといっても、「そんなことは関係ない。自分たちは給料を高くしてもらわないと他に行くぞ」という社員ばかりであれば、給料を上げざるをえません。昇給ができない企業はそこで廃業《はいぎょう》するしかないでしょう。

じつは、これは「需要と供給の問題」なのです。

一般的な商品と同じように、労働力という商品の値段も価値を基準として、「需要と供給の関係」で変動します。労働力の需要が高い人（優秀で、多くの企業から引く手あまたの労働者）は、高く「買って」もらえます。つまり、給料が高い会社に入ることになります。

しかし、うまくアピールができずに企業からの需要が少ないと、安くしか雇ってもらえません。つまり、給料が低い会社に入ることになります。

逆に言うと、給料が高い企業に転職することができず、安くても我慢するしかないのです。

やはり、労働力の「価値」が基準になり、そのうえで「使用価値」が判断されます。その使用価値次第で、その労働力への「需要」が決まるのです。

これは、いままで説明してきた流れとなんら変わりません（ただし、現実には転職は口で言うほど簡単ではありません。転職できる実力があっても、タイミングが合わなかったり、その他の条件が折り合わないこともあります。また、ここでは話を単純にするため、各職場や仕事の性質は同一と仮定し、単に「給料」だけで比較しています。現実には、高い給料をもらっていることが、すなわちその人の実力を表すわけではありません）。

## 勤める会社が世間から求められなくなれば、給料も下がる

いまのは、「労働者個人が企業からどれだけ需要されているか」「それで給料が変わる」という話です。似たような話ですが、「企業が世間からどれだけ需要されているか」によっても、労働者の給料は間接的に変動します。

一般的には、「自分の給料は会社の業績次第」というイメージがあります。たしかに、業績が良ければ自分の給料は上がるし、会社の業績が落ち込めば自分の給料は下がります。そのため、自分の給料は「会社の業績次第」だと感じてしまうのです。

ですが、いくら業績がいい企業でも青天井《あおてんじょう》に給料が上がっていくことはありませんし、赤字が連続している企業でも給料が「ゼロ円」になることはありません。

給料と会社の業績が完全に連動しているわけではないのです。

これも「需要と供給の関係」です。

勤めている会社の商品が売れなくなり、その会社自体が世間から「需要」されなくなったとします。会社への需要が下がれば、そこで行っている仕事への需要も下がり、そこで働く労働者への需要も下がるということです。

そのため、給料が下がるのです。

## 古い企業の給料が高いのはなぜか？

また、古い企業の給料水準が、新興企業に比べて高いこともあります。現時点では、会社の規模も業績も同じくらいのA社、B社でも、歴史があるA社のほうが給料水準が高いケースがあるのです。

これは「いい時代の社会的必要経費」がベースになって給料が決まっていた、ということが考えられます。

たとえば、1960年代の高度成長期、1980年代後半からのバブル期を経験している企業では、その「いい時代の社会的必要経費」が給料になっていました。バブル期などの好景気時には、「休養のためにタクシーで帰宅すること」「気晴らしのために毎日飲み歩くこと」が、社会通念上「必要経費」として暗《あん》に認められていました。

つまり、その時代には労働力の再生産コストが上がったのです。

そして、日本においては、一度上げた給料はなかなか下げづらいという状況があります。伝統的な日本企業には労働組合があり、常に「春闘《しゅんとう》」などで賃金引き上げを叫んできました。春闘とは「引き上げるかどうか」の闘争で、基本的に「引き下げ」

は想定されていません。

労働組合がある企業では、時代とともに社会通念上の「必要経費」が下がり、労働力の価値が下がっても、だからといって給料を下げることはむずかしかったのです。

好景気の時代を通過してきた企業では、一度上がった「労働力の価値」をそのまま踏襲《とうしゅう》しており、そのため、新興企業よりも給料水準が高いと言えるのです。

単に「規模が大きいから」給料が高いわけではなく、ここでも労働力の価値が基準になって、給料が決まっているのです。

## わたしたちは、知らず知らずのうちにこのルールで生きている

ここであらためて、以下の問いを思い出してください。

「なぜ、こんなにがんばったのに、給料が大して上がらないのか？」
「なぜ、こんなに成果を上げたのに、給料が大して上がらないのか？」
「なぜ、あなたの生活には余裕がないのか？」

それは、給料が「必要経費分」だからです。給料は「みなさんが働き続けるために

必要なお金だけ」なのです。

「なぜ、給料は横並びなのか？」
「なぜ、給料は右肩上がり的なのか？」
「なぜ、何も仕事をしていない定年間際の窓際社員のほうが、自分よりも多く給料をもらっているのか？」

それは、給料の基準になっている「労働力の価値」が「明日も同じ仕事をするための必要経費」で決まり、また、その「必要経費」が年齢とともに上がっていくからです。

これが、「給料の本質」「給料の決まり方の真実」です。
日本企業に勤めている多くの人たちは、知らず知らずのうちにこのルールのなかで生きています。

こういったベースの考え方を理解せずに、企業の個別の「待遇」や「人材に対する考え方」を見比べても、あまり意味はありません。結局、どこの企業だろうと、労働力の価値分しか給料を受け取れないのは変わらないからです。

どうでしょう。「労働」に対するイメージが少し変わったのではないでしょうか？

続く第2章では、わたしたち労働者が置かれている状況について、さらに突っ込んで考えていきたいと思います。

わたしたちは「資本主義経済」という大きな流れのなかで生きています。ちょうど川に浮かぶ木の葉《こ  は》のように、好むと好まざるとにかかわらず、みんな同じ方向に流されています。

いったい、わたしたちはどこに向かって流されているのか？

その流れに逆らって、自分で行き先を決めることはできるのか？

それらを明らかにしていきましょう。

# 第2章

# あなたは、「利益」のために限界まで働かされる

## 会社の「利益」はどうやって生まれているのか？

この章も、みなさんへの問いかけから始めたいと思います。

**質問**

- 会社の「利益」とは何か？
- 会社はどうやって利益を生み出しているのか？

このように聞かれたら、みなさんはどう答えますか？

きわめて単純な質問ですが、「給料とは何か？」という問いと同じように、ひと言で答えられる人はあまりいないはずです。

ですが、この質問はものすごく重要です。「利益の生み出し方」を理解することは、すなわち、資本主義経済の構造を理解することにつながるからです。

そして同時に、その利益を生み出す過程で、労働者であるわたしたちがどのように「企業（資本家）」に「貢献」しているのかがわかるからです。

言葉をかえると、わたしたちの行動がどれくらい「企業のもの」になっているのか？　その「目には見えない仕組み」がわかるのです。

この章では、企業の利益が生まれる仕組みと、企業はその利益をどのように増やそうとしているのか、について説明していきます。さらにそこから、労働者であるわたしたちが宿命づけられている「必然的な運命」についても解き明かしていきます。

## 労働者が生み出す「剰余価値」が企業の利益

「ものを仕入れて、販売する。その差額が利益になる」

「利益」は、そのようにして生まれているイメージがありますが、『資本論』をひもとくと、まるで違う方法で企業が利益を生み出していることがわかります。

ビジネスによって利益が生まれるのは、

> 「１００」の価値があるものを、買い叩いて「95」で仕入れ、顧客を騙《だま》して「１０５」で売っている（その差額の「10」が利益になる）

からではありません。

正常の取引であれば、価値が「100」のものは、値段も「100」として交換されます。

商品は、需要と供給が一致していれば、「価値」通りに値段が決まり、「価値」通りに交換されます。一部には、取引相手を「叩いて」、もしくは「騙して」利益をもぎとっている人たちもいるでしょう。しかし、それはあくまでも「一部」です。原則としては「価値通り」に交換されるのです。

ですがそうなると、「100の価値」がある商品は「100で仕入れて、100で売る」ということになってしまいます。

それではいくら取引をしても、同じ価値のものを交換しているだけで、利益は生まれないことになります。

ですが、現実には利益が生まれています。

では、利益はどうやって生まれているのでしょうか？

マルクスは、ビジネスから利益が生まれるのは、商品を生産する過程で「剰余《じょうよ》価値」が生まれるからだと言っています。

商品を生産するときには、「原材料」と「機械（道具なども含む）」と「労働者」が必要になります。企業は原材料と機械を買って、労働者を雇って、生産活動を行うわけですが、100円の原材料を使って生産したら、できた商品のうち100円分はそのまま原材料費、つまり「原材料の価値」になります。

原材料は、形が変わって商品になっても、その「価値」は変わらないということです。

これは第1章で説明した通りです。最終的な商品のなかに、原材料の「価値」は転移することになるのです。

機械も同様で、1億円の機械を使って生産したら、商品のうち1億円分はそのまま「機械の価値」になります。

では、商品生産前と生産後で、どこで「価値」が上がるかというと、「労働」の部分です。労働者に自分の給料以上の「価値」を生み出させることによって、はじめて「剰余価値」というものが生まれるのです。

そして、その「剰余価値」の部分が企業の「利益」となります。

いちばん重要なのは、新たな価値を付け加えることができるのは労働者のみだということです。

この説明だとまだピンとこないと思うので、「労働者が剰余価値を生み出す過程」

について、これから具体的に説明していきましょう。

よく「労働者は搾取されている」という言葉を聞くと思いますが、それがどういう意味なのか、本当の理由が理解できるはずです。

## 「剰余価値」が生まれる過程

ここでは、『資本論』の例にしたがって、綿花《めんか》から綿糸《めんし》を生産する過程を分析してみます。

10kgの綿花から10kgの綿糸を生産するとしましょう。

そのときにかかる費用は、以下のようになりました。

綿花10kg……………………12000円
使用する機械のレンタル料………4000円（1時間1000円×4時間）
労働者の給料……………………4000円（1日分）

合計：20000円

これが企業が支払う費用です。

これだけの費用を支払って、企業は商品（綿糸）を生産します。

この「使用する機械のレンタル料」は「使った分だけ支払う」イメージです。1時間使ったら1000円、2時間使ったら2000円と仮定しています。オフィスに置いてあるコピー機のように「○○枚コピーしたから、今月は××円請求します」というような感じですね。

ではつぎに、生産した綿糸の「価値」はどれくらいになるでしょうか？

綿花10kgから綿糸10kgを製造するために、社会一般的に「4時間の労力」がかかるとします。また、労働者が加工することで、1時間あたり1000円分の「価値を生み出す」とします。

「価値を生み出す」とは、どういうことか？

第1章の内容を思い出してください。「価値」は人の手がかかることによって増えます。労働者が働くことによって、その分、価値が生まれるのです。

100円で「まぐろ」を仕入れ、労働者が働いて「刺身《さしみ》」に加工すれば、その刺身は100円以上の「価値」になります。

もし労働者がまったく働かなかったら、生み出す価値はゼロです。

そして、ここであらためて重要になってくるのは、「労働者の給料は、労働者が『生み出した価値』とは無関係に支払われる」という事実です。労働者の努力も成果も関係なく、ただ単に「労働力の再生産コスト」の分だけが労働者には支払われます。このケースでは、4000円が労働力の再生産コストです。明日も同じ仕事をするのに必要なお金が、4000円なのです。

労働者が働いても働かなくても、企業はこの4000円を労働者に支払います。

さて、以上のことを念頭において、生産された商品について見ていきましょう。

綿糸の「価値」は、つぎのような計算によってはじき出すことができます（さきほどの「企業が支払う費用」と非常に似ている式ですが、別モノなのでご注意ください）。

**綿糸10kgの「価値」**

綿花10kgの「価値」……………12000円
機械の「価値」……………4000円
労働者が生み出した「価値」……4000円（1時間1000円×4時間）

---

合計：20000円

綿糸10kgを生産すると……？

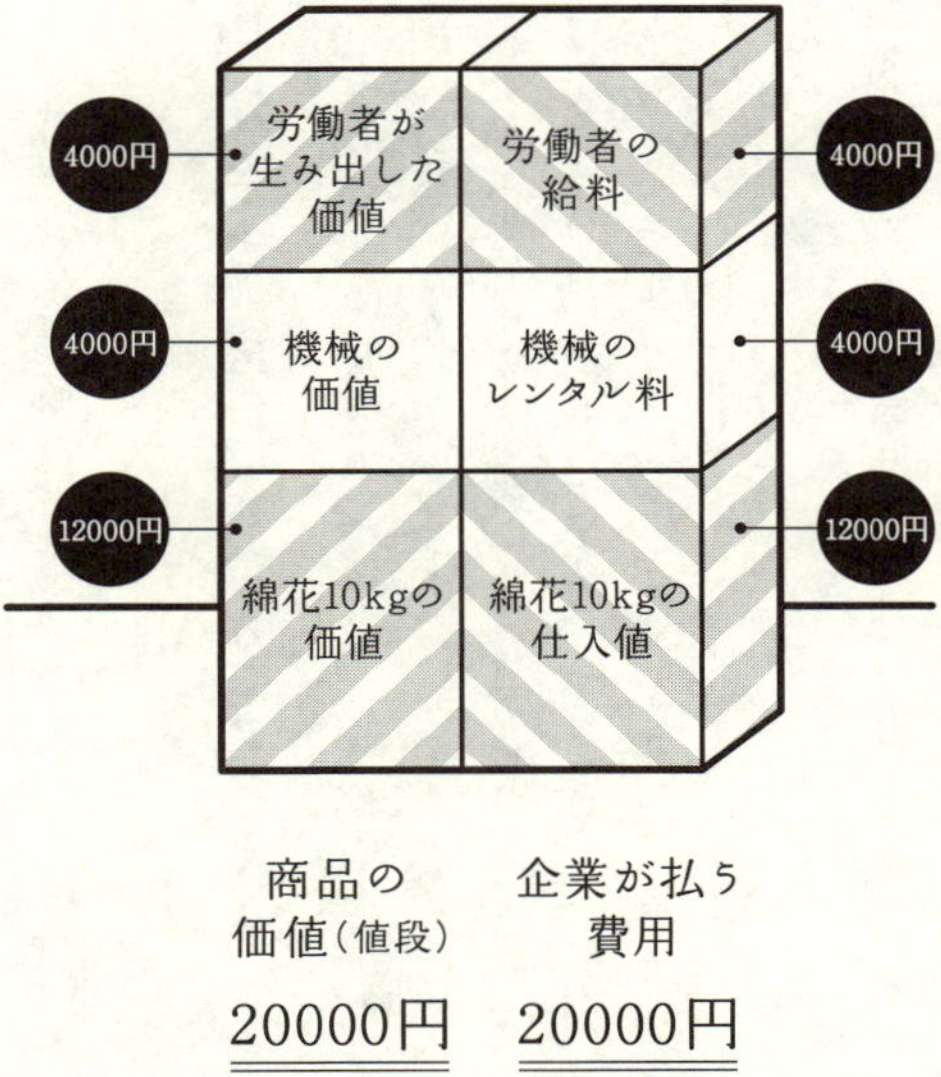


マルクス

Point!

費用と商品の価値が同額で利益は0円!!

原材料（綿花）と機械の「価値」は、そのまま「商品の価値」のなかに転移します。

そして、労働者の4時間分の労働は、4000円の「価値」として、「商品の価値」のなかに転移します。

## 生産量を倍にすると、面白い現象が起こる……

いま、企業は綿花を仕入れ、機械をレンタルし、労働者を雇いました。合計20000円の費用がかかっています。

一方で、生産された綿糸の価値も、合計で20000円です。

この場合、企業は20000円の費用をかけて、20000円の商品を生産したことになります。正常の取引だと、これではまったく利益が出ません。「剰余価値」は1円も生産されていないのです。これでは、いったいなんのために生産活動をしているのかわかりません。

ところが、企業が倍の20kgの綿糸を生産しようとすると、事態は一変します。

20kgの綿糸を生産する場合、必要な綿花の量は10kgのときの2倍、製造時間も2倍になるので機械のレンタル料も2倍になります。

**企業が支払う費用**

綿花20kg……………………24000円
使用する機械のレンタル料………8000円（1時間1000円×8時間）

しかし一方、「労働者の給料」は、10kgの綿糸を生産するときと同じで、4000円のままです。

それはなぜか？

さきほどもくり返し説明したように、「労働者の給料」は「労働力の価値（労働力の再生産コスト）」で決まっています。

たとえ一日に働く量が4時間から8時間になっても、「明日も同じ仕事をするために必要な経費（食費、家賃、洋服代など）」はほぼ変わりません。

だから、労働力の価値は変わらず、労働者の給料も変わらないのです。

つまり、企業に必要な「労働力の仕入れ」の金額は変わりません。

**企業が支払う費用**

労働者の給料…………………4000円（1日分）

ということは、企業が支払う全費用は以下のようになります。

**企業が支払う費用**

綿花20kg……………………24000円
使用する機械のレンタル料……8000円（1時間1000円×8時間）
労働者の給料…………………4000円（1日分）
合計：36000円

では、商品として生産された綿糸20kgの「価値」はいくらになるでしょうか？

**綿糸20kgの「価値」**

綿花20kgの「価値」…………24000円
機械の「価値」………………8000円
労働者が生み出した「価値」……8000円（1時間1000円×8時間）
合計：40000円

## 綿糸20kgを生産すると……？

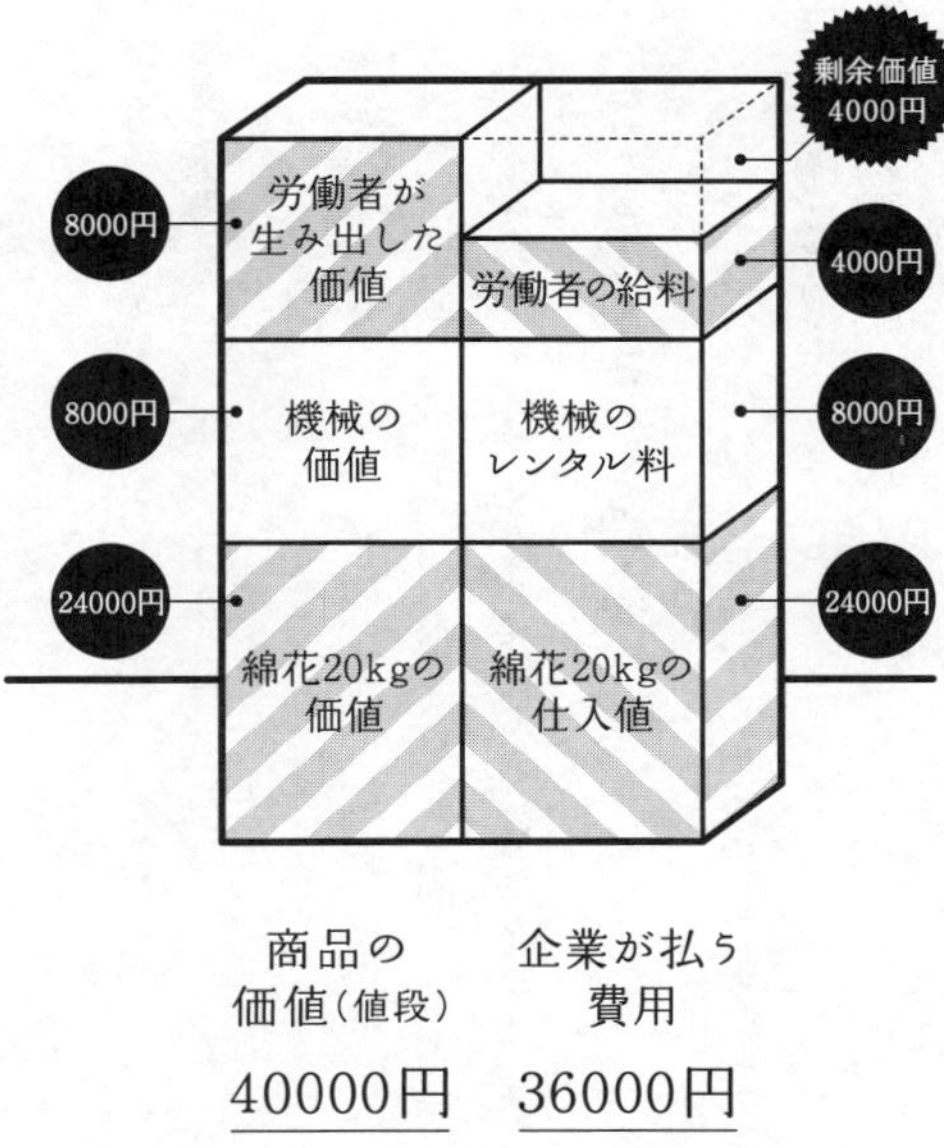


商品の
価値（値段）
40000円

企業が払う
費用
36000円

マルクス
Point!

**倍の量を生産しても、
労働者の
給料は変わらない！**

労働者は8時間働いて、新たに8000円の「価値」を生み出しました。

ここで、企業の費用と綿糸の価値を比較すると、面白い現象が起こります。

――綿糸20kgを生産するための費用＝36000円
綿糸20kgの価値（値段）＝40000円

綿糸を10kg生産したときと違って、費用と価値は同額にはならないのです。

この差額（40000円－36000円）の4000円が、「剰余価値」と呼ばれるものです。そしてその剰余価値こそが、企業の利益になります。

## 労働者が長時間働かされる理由

ここで注目していただきたいのは、「労働者が生み出した価値」と「労働力の仕入れ値（労働者の給料）」が違うということです。

ここに剰余価値（利益）の秘密がありました。

企業は、労働者を雇い（労働力を仕入れ）、働かせることで、剰余価値を生み出していたのです。

見方を変えると、労働者は自分の給料以上に働き、価値を生み出します。この差額分が剰余価値になっているのです。

仮に、企業が綿糸の生産を30kg、40kg……と増やしていくと、「労働者が生み出す価値」と「労働力の仕入れ値（労働者の給料）」との差額も、どんどん開いていくことになります。

**綿糸30kgを生産した場合**

綿糸30kgを生産するための費用=52000円
綿糸30kgの価値（値段）=60000円
剰余価値：8000円

**綿糸40kgを生産した場合**

綿糸40kgを生産するための費用=68000円
綿糸40kgの価値（値段）=80000円
剰余価値：12000円

こういう構造であれば、剰余価値を求めている企業が労働者により長く働かせて、より多くの商品を生産させようとするのは、当然のことなのです。

## 自分のために働く時間と、会社のために働く時間

要するに、企業が利益を得るためには、労働者に「自分の労働力以上の価値」を生み出させなければいけません。

つまり、企業の利益のために働いてもらわなければいけないのです。

とはいえ、労働者はすべて、雇い主である企業のためだけに働いているのかといえば、そうではありません。

労働者は企業から給料を受け取ります。「自分の給料分くらいは稼げ」というフレーズを聞くこともあると思いますが、給料を受け取っている以上は、その給料分は稼がなければいけません。

そしてその時間は、企業のためではなく「自分のために働いている」のです。「労働者は会社のためだけに働かされている」と感じてしまうことがありますが、そうではありません。「労働者は搾取されている」と言ったマルクス自身も、「自分のために働いている時間がある」ということを認めています。

つまり、労働者の労働は2種類に分けられて、

①自分のために「給料分の価値」を生み出す労働
②資本家のために「剰余価値」を生み出す労働

とがあるのです。

労働者が自分の給料と等しい「価値」を生み出すまでの労働を「①必要労働」、それに対して、企業の利益となる「剰余価値」を生み出す労働を「②剰余労働」と言います。

Aさんの労働力一日分の「価値」（労働力の再生産コスト）が4000円だとして、Aさんが8時間の労働によって一日で8000円の「価値」を生み出したとすると、この8000円のうちの4000円分の労働は必要労働（自分の給料を稼ぐ労働）、残りの4000円分の労働は剰余労働ということになります。

つまり、

総労働時間 ＝ 必要労働時間 ＋ 剰余労働時間

となるのです。

これはまたあとで出てくる式になるので、頭の片隅《かたすみ》にとどめておいてくださいね。

## 剰余価値を生み出せるのは「労働」だけ

企業は、原材料を仕入れ、機械設備を使い、労働者を雇って生産活動を行っています。

そう考えると、企業はそれらすべてを使って利益を出しているように思えます。つまり、原材料や機械も利益を生み出しているように感じるということです。

しかし、実態は違います。

たったいま説明したように、「綿花の価値」と「機械の価値」は、そのまま金額を変えず「綿糸の価値」に転移するだけでした。

たとえば、機械設備に10000円を使ったら、できた商品のうち10000円分は機械の「おかげ」です。機械という形をとっていた「価値」が、形を変えて、商品という「価値」に変化しただけです。

つまり、これはただ、綿花や機械の形をしていた「価値」が綿糸の形に置き換わっただけで、全体の価値はまったく増えていません。いくらいい原材料を仕入れようが、いくらいい機械を使おうが、剰余価値（利益）は生まれないのです。

「寿司屋は大トロでボロ儲けしている」と考えている人がいるかもしれません。大トロは値段が高いですが、それでも人気があるので、寿司屋にとってはいい「稼ぎ頭」だと思われています。

しかし、実際は違うようです。たとえば、マグロの赤身《あかみ》を１貫《かん》１２０円、大トロを１貫４２０円で売っていたとしても、仕入れ値は赤身１００円、大トロ４００円くらいだったりします。１貫あたりで得られる剰余価値（利益）は変わらないのです。

大トロ１貫は高いですが、それは原材料（素材）が高いだけです。赤身も大トロも寿司職人がかけた「労力」は変わらないため、生み出す価値も変わりません。そのため、企業（寿司屋）が得られる剰余価値も変わらないのです。

くり返すように、原材料が加工されて、形が変わっても、価値が増えるわけではありません。そこに労働者が手を加えるから、価値が上がるのです。高い材料だからといって、利益をたくさん稼げるわけではないのです。

一方、労働力という「原材料」は少し違います。さきほどの例でいえば、４０００円で買っても、結果的に８０００円の「価値」を生み出しています。

このように価値が増えるのは、「労働」だけです。

つまり企業は、労働者に働かせることによって、支払った費用以上の価値を生み出せる、すなわち、利益を上げることができるのです。

## 剰余価値の3つの種類

労働者は、自分が生きていくために必要な量以上に働いて剰余価値を生み出します。これが企業の利益になります。

そして、ひと口に剰余価値といっても、生み出され方によって、いくつか種類があります。それをこれから説明していきましょう。

### 1. 絶対的剰余価値

「労働力の価値」は、「その労働者が明日も同じ仕事をするための必要経費」でした。そして、その必要経費は、「その社会で一般的・平均的な額」が認められます。「自分は最高級のステーキを食べなければ明日働けない」と主張しても通りません。あくまでも社会一般的に認められる額しか、必要経費として認められないのです。

つまり、同じ社会においては、同じ仕事をする労働力の価値はほぼ決まっているわけです。同じ仕事をしているAさんとBさんがいて、Aさんが明日も同じ仕事をするために必要な食べ物などの生活品は、Ｂさんとほぼ一緒ということです。

ですから、その「労働力の価値と同じ分だけの価値（労働者の給料分）」を生産するための「必要労働」の時間も、同一の社会においてはほぼ決まっています。

これに対して、「剰余労働」の時間は、企業が労働者をどれだけ働かせるかによって異なるので一定ではありません。

さきほどの例でいえば、10kgよりも20kg、20kgよりも30kgの綿糸を作ったほうが剰余価値が増えたように、労働者に長時間働かせれば、それだけ剰余価値は増えます。

この剰余労働そのものの長さを絶対的に増やすことで得た利益（剰余価値）のことを「絶対的剰余価値」と言います。

それは、必要労働時間を超えて、労働時間を延長することで生み出される「価値」なのです。

たとえば、産業革命直後のイギリスでは、一日19時間労働を強制されていた労働者もいました。資本家が「絶対的剰余価値」を求めて労働者に長時間労働をさせていたわけです。

労働者にもっと集中させて、一定時間内に行う仕事を増やすことで生み出される剰余価値も、この「絶対的剰余価値」に分類されます。

## 企業は労働者から「一日分の労働力」を買い取っている

ここで注意したいのは、企業が労働者をコキ使い、虐《しいた》げているからといって、「不当に」安く雇っているわけではないということです。

資本主義経済では、商品の値段は「商品の価値」によって決まります。そして、労働力も商品と同様に扱われます。

つまり、企業は「労働力の価値」の分だけ給料を支払えばいいのです。それが「妥当」ということです。

企業は労働者と契約し、その労働者の一日分の労働力を買い取っています。つまり、その人を一日働かせる権利を持っているのです。その権利を行使《こうし》し、「労働力の価値」通りに給料を支払いつつ、できるだけ多くの「絶対的剰余価値」を得ようとすることはなんら問題ではありません。

これが、資本主義経済の原則から見た「本来の姿」です。

産業革命時とは異なり、現在では労働法などの法律が整備され、企業が労働者を働かせられる時間数の上限が厳しく決まっています。毎月の残業時間数に上限が設けられていたり、毎日の業務時間（終業時間）が決められている企業もあるでしょう。

ですが、それは労働者の人権が考慮され、法律で制限がかかっているだけの話です。

「労働力の価値」という視点で考えれば、企業は「労働者を一日働かせる権利」を買っているので、何時間でも働かせて「いい」のです。

## 絶対的剰余価値には限界がある

企業は「労働力」を買い取っているということは、その労働力を使って得られた利益はすべて「企業のもの」になるということでもあります。

わたしたち労働者からすれば、自分たちが生み出した価値をすべてもらうのが「妥当」な気がします。ですが、そうではありません。

たとえば、みなさんが「Aレンタカー」からトラックを1日レンタルして、「B商社」の荷物を運送する仕事を請け負《お》うとしましょう。

みなさんはトラックを1日間使うことができます。何件の仕事を請けるか、またいくらの仕事を請けるかは、みなさんの自由です。そして、その仕事から得られた利益は当然みなさんのものになります。

ここで、Aレンタカーが「たくさん利益が出たのなら、分け前をよこせ」と言ってきたら、どうでしょうか？

みなさんはそのトラックを1日間使う権利を買っただけなので、そのトラックを使って何をするか、いくら利益を出すかはみなさんの自由です。レンタカー業者が分け前を主張することはできないはずなのです。

第1章でも説明したように、商品の値段は、使用価値（その商品の有益性・有用性）ではなく、価値（その商品を作るためにかかる労力・費用）で決まっています。

労働力の値段である給料も、使用価値（その人がどれだけ成果を上げるか）ではなく、価値（その人が明日も労働者として働くために必要な費用）で決まっています。

それが資本主義経済的には「妥当」なのです。

そして、労働力の価値分だけお金を支払えば、その日に労働者にどれだけ仕事をさせるかは、企業の「自由」なのです。

企業は労働者から「一日働かせる権利」を買い取っているので、その範囲でできるだけ剰余価値を生み出せるよう、労働者を酷使《こくし》します。

企業にとっては、労働者が一日働き終えたあとにヘトヘトになっているのが「好ましい状態」です。個別の企業で程度の差はあれ、これは資本主義経済のなかでは必然の流れなのです。

しかし、労働者に重労働・長時間労働を強制するにしても限度があります。仮に、法律的に労働時間数に上限がなかったとしても、労働者には「人間としての限界」があります。その限度を超えれば、労働者は身体や精神を壊し、翌日働けなくなってしまうでしょう。

また、労働者を本当に怒らせると団結し、ストライキを起こす可能性もあります。そのため、企業もむやみに絶対的剰余価値を増やすことはできないのです。

企業はどこまでも利益を追求していきます。しかし、それには限度があるのです。いくら企業が利益を増やしたいといっても、もし一日23時間労働を強制したら、労働者の身体は1週間ももたないでしょう。

これが、絶対的剰余価値の限界です。

## 生活費が下がると、労働力の価値も下がる

では、企業はそれ以上、利益を出すことはできないのでしょうか？

じつはそうではありません。また別の形で、剰余価値は増えていくのです。

それが2種類目の「相対的剰余価値」になります。

## 2. 相対的剰余価値

さきほど説明したように、労働時間は必要労働と剰余労働に分けられます。

| |
|---|
| 総労働時間 ＝ 必要労働時間 ＋ 剰余労働時間 |

仮に総労働時間を一定とすると、もし必要労働時間が減れば、剰余労働時間が増えることになります。つまり、剰余価値が増えるのです。

では、労働者が自分の給料分を稼ぐための労働である「必要労働」の時間が減るとは、いったいどういうことを指すのでしょうか？

一般的に言って、ある分野で労働生産性が上がり、1個の商品を短時間（少ない労働）で生産できるようになれば、その「商品の価値」は低下します。手間がそれだけかからなくなるので、「価値」が下がるのです。

すべての商品は、人（労働者）の生活に関わっています。

なので、どんな商品であれ、商品の価値が低下すれば、それを使っている人の「労働力の価値（労働力の再生産コスト）」も下がることになります。

たとえば、かつて米や野菜を育てるには長年の知見や技術が必要で、また、実際に栽培《さいばい》するときにも、あらゆる注意を払ってようやく収穫ができました。しかし、製造技術の進歩で、それまでより簡単に生産できるようになりました。その結果、米や野菜の「価値」は下がりました。

そして、「価値」が下がれば「値段」も下がります。

そうなると、それを食べて生活している人たちは、生活費が下がります。とすると、「明日も同じ仕事をするために必要な費用（食費などの生活費）」が下がるから、労働力の価値も下がる、というわけです。

ただ、とある農家1軒で売られている米や野菜の価値が下がっても、すぐに労働力の価値が下がるわけではありません。技術革新が世間に浸透して、世間相場が下がってはじめて、労働力の価値は下がっていきます。食べ物の価値（世間相場）が下がれば、労働者の食費が下がり、労働力の価値も低下します。

ユニクロが登場し、それにつられて衣料品価格の相場が下がれば、労働力の価値も低下します。ゲームなどの娯楽用商品の価値が下がれば、労働者の「気晴らし代」が下がり、労働力の価値も低下します。

それらをぜんぶひっくるめて、労働者の生活費が安くなれば、人件費は安くなります。先に説明した、発展途上国の人件費が安いのと同じ理屈です。

このように、労働力の価値が下がれば、給料が下がります。そして、給料が下がれば、「自分の給料分を稼ぐ時間（必要労働時間）」も減ります。

これが、「必要労働の時間が減る」ということです。

ここで、総労働時間を変えなければ、相対的に剰余労働時間が増えることになります。そうなれば、剰余価値も増えます。

その結果生み出されるのが、「相対的剰余価値」なのです。

企業が生み出している価値の総量は変わらなくても、労働力の価値が下がり、労働者の給料が下がれば、相対的に剰余価値が増えます。

その増えた分が「相対的剰余価値」なのです。

しかし、この「相対的剰余価値」は、個々の企業が「当社でも相対的剰余価値を生み出そう！」と計画しているわけではありません。

世間一般的に、労働者の生活必需品の価値が下がった結果、労働力の価値も下がり、「結果的に生まれている」のが相対的剰余価値です。つまり、あくまでも社会的にいろいろな産業で生産性が向上し、いろいろな商品の価値が下がった結果、相対的剰余価値が生産されているのです。

企業が意図的に生むのではなく、自然と生まれる「価値」になります。

## 企業が競争した結果、生まれる特別な価値

「絶対的剰余価値」は、企業の「意思」で増やすことができます。

しかし、労働者も人間なので、長時間労働・重労働には限界があり、企業がこの方法でもっと利潤《りじゅん》を稼ぎたいと思っても、あるところで頭打ちになります。

企業からすれば、「不完全燃焼」に終わるのです。

一方、労働者に長時間・重労働をさせなくても「相対的剰余価値」は増えていきます。

資本主義経済では、構造的に、ありとあらゆる企業が自社の利益を追求しています。また、「もっと多く」とさらに上を常に目指しています。

この過程で、必然的に技術革新が生まれ、商品はより低価格になっていきます。資本主義経済のもとでは、相対的剰余価値は自然と生まれていくのです。

しかし、一企業が意図的にこれを増やすことはできません。

ここでも企業の「不完全燃焼状態」は変わりません。ですが、このままでは終わりません。資本主義経済では、企業は別の方法で剰余価値を生み出すことを試みるのです。

そうやって生み出されるものが、

## 3．特別剰余価値

になります。

「特別剰余価値」とは何か？　何が「特別」なのか？

再度、綿糸の例を使って説明しましょう。

20kgの綿糸を生産するのに、まわりの会社は平均で8時間かかるとします。ですがA社は、独自の技術開発により4時間で20kgの綿糸を作ることができるようになりました。

8時間では、その倍の40kgの綿糸を作ることができます。

これは、言葉をかえると、A社はより短時間で労働者の「労働力の価値」と同じ分だけの価値を生産することができるようになるということです。

ということは、労働者にとってみれば、自分の「労働力の価値」を稼ぐための必要労働時間が減ることにつながります。総労働時間が変わらないとすると、「必要労働時間」が減った分だけ、「剰余労働時間」が増えます。

この増えた剰余価値（利益）が「特別剰余価値」です。

なんだか回りくどい言い方をしてしまいましたが、要するに、生産性を高めて同じ時間内により多くのものを作れるようになれば、商品1個（1kg）あたりのA社にとっての価値（個別的価値）は、まわりの企業にとっての価値（社会的価値）よりも小さくなるということです。

商品1個を生産する労力が少なくなるという意味ですね。

一般的な企業では8時間で20kgの綿糸を生産します。1kgあたり0・4時間かかっているわけですね。一方、独自の技術を開発したA社は4時間で20kgを生産します。1kgあたり0・2時間しかかかっていません。

ですが、その商品の価値は、社会一般と同じように評価してもらえます。前に「同じ仕事を自分だけ2倍の時間をかけてやっても、2倍の価値を認めてもらえるわけではない」という話をしました。

「その仕事の価値」として認められるのは、実際にかかった時間ではなく、一般的に「それくらいかかる」と思われている世間相場なのです。

だからA社が生産した商品は、他社の商品と同じ価値として見てもらえ、また同じ値段で売ることができます。

労力・コストが少なくなったのに、売値は変わらない――「社会的価値」と「個別的価値」の差額分だけ、他の企業より多く儲けることができるということです。

この差額が「特別剰余価値」です。

資本主義経済において、企業の競争力の源泉はこの「特別剰余価値」にあります。各社とも、他社よりもより効率的に、より低コストで生産できるように「競争」しているわけです。

みなさんの会社も、この競争に参加しています。

ただし、この競争こそが、企業自身を苦しめていくことになります。

## 特別剰余価値は、やがて消滅する

特別剰余価値は、他社よりも効率よく商品を生産できるようになれば生み出せます。

ただ、資本主義経済においては、全員がその有利な生産技術を目指して日々研究・競争しているわけなので、まわりの企業も同じような技術を開発したり、他社の成功事例をどんどん取り入れていきます。

ということは、特許でも持っていないかぎり、A社の技術はやがてB社やC社にも広がり、社会全体が同じ生産性になっていくのです。

これは、「特別」だったものが「社会平均」になるということです。

資本主義経済では、このような競争は必然です。誰もこの流れは止められません。結果的に、たとえA社が特別剰余価値を生み出せたとしても、それは一時的なものになってしまいます。必死の思いで有利な条件を見つけ出しても、そのノウハウや技術はすぐに世間に普及し、相対的な優位性はなくなってしまうからです。

常に走り続けなければ、人より多く稼ぐことはできません。

ここで注目すべきことは、「A社の特別剰余価値がやがてなくなる」ということと併《あわ》せて、生産性が特別高かったA社の技術が世の中に普及し、「みんなレベルアップする」ということです。

これは、一見すばらしいことのように見えて、じつは別の側面を持っています。

生産性が上がって（商品の生産コストが下がって）、商品を作るのにかかる手間が減れば、それだけ「商品の価値」は下がります。

一個一個の商品（たとえばタイヤやハンドル）の価値が下がれば、それを原材料として生産される商品（たとえば車）の価値も下がります。

商品の価値は、それを構成する原材料の価値の合計だということを思い出してください。資本主義経済において、何もしなくても商品はどんどん価値を下げていきます。

これは、特定の商品についての話ではありません。資本主義の構造自体が「技術革新&コスト削減」なので、世の中全体として、このような価値低下が常に起こるのです。

## イノベーションはなぜコモディティ化するのか？

わかりやすいのは、パソコンなどのＩＴ機器です。

数年前に最新機種として20万円程度で販売されていたモデルは、いまや新品でも数千円の値段しかつかないでしょう。

数年前と現在とで、パソコンの用途が大きく変化したとは思えません。ネットを閲《えつ》覧《らん》し、メールを送り、ワードやエクセル、パワーポイントを使えれば、だいたいのことは足ります。

しかし、以前は「20万円支払ってもいい」と思っていたものを、いまは「数千円」と評価しています。それくらい「価値」が低下したということです。

自分としては同じ商品を作っているつもりでも、また、その商品の使い方や消費者に与えるメリットが変わらなくても、競争により原材料の価値が下がれば、自分が作っている商品の価値も下がってしまうのです。

約30年前、ソニーがウォークマンを発売したときには、大変なインパクトと感動がありました。しかし、その技術はすぐに世の中に広く知れわたり、数年後には「あたりまえの商品」になってしまいました。

いまや、同機能のポータブル音楽プレーヤーは数千円で買うことができ、「コモディティ（世の中にあふれていて、特別ではない商品）」になっています。

よく言われることですが、今日生まれた「イノベーション（技術革新）」は、おそらく10年後には「コモディティ」になっているでしょう。

ここで誤解してはいけないのは、この「コモディティ化」とは、商品として見飽きた、使い慣れたということではなく、その商品を作るのに労力がかからなくなったということを指します。

「消費者が斬新《ざんしん》さを感じなくなった」「みんなが使うようになった」のではなく、「商品の価値が低下した」という点が重要なのです。

そしてその結果、全体的にモノの価値は下がっていきます。社会のさまざまな分野で技術革新が起こり、その分野の商品の価値が下がります。そして、さまざまな商品の価値が下がった結果として、以下のような一連の流れが起こります。

労働者が使う生活手段の価値が下がる
↓「労働力の価値」が下がる
↓「自分の給料分を稼ぐための時間（必要労働時間）」が少なくなる
↓つまり、企業のために働く時間が増える

これが、資本主義経済における労働者の必然的な運命なのです。

## 労働者が生み出した技術革新が労働者を苦しめる

通常、技術革新は世の中を良くするとしか見られていません。そしてその結果、国民である労働者の生活も改善されると思われています。

またつねづね、「日本の企業にはアップル社みたいなイノベーションが足りない」「イノベーションを起こせば、業績は回復する」と言われています。

要するに、そのような技術革新が「絶対的にプラス」だと思われているのです。しかし、必ずしもそうとは言えません。技術革新が起こると、それに伴って労働力の価値が下がります。そして労働者の給料は、労働力の価値と連動しています。技術革新によって労働者の生活が改善し、生きていくためのコスト、労働力を再生産するためのコストが下がれば、その分、給料の基準が下がっていくのです。

「給料が下がっても、商品の値段も下がるから、問題ないじゃないか」まさにその通りです。しかし同時に「商品の値段が下がっても、自分たちの給料も下がるので恩恵《おんけい》を受けない」という見方にもなります。

資本主義経済においては、企業が利益を上げなければ、そこで働く労働者も生きてはいけません。企業が利益を上げることは、労働者にとっても必須課題です。

そして、より多くの利益を上げられるように、労働者は日々努力をし続けます。多くの場合、技術革新は、企業の株主ではなく、現場で働く労働者の手によってなされます。

ところが、まさにその努力の結果、皮肉なことに、自分たちの「労働力の価値」は減っていくのです。

## がんばって成長しても、得られるものは変わらない⁉

かつて、このような話を聞いたことがあります。

生存競争が激しい熱帯雨林に生息《せいそく》している樹木は、どの木も、隣の木よりも多くの光を得ようと上へ上へと伸びる。

ところが、それでは「影」に隠れてしまう木が出てくる。その影に隠れた木々は、太陽の光を得ようと、他の木と同じ高さまで伸びようとする。もしくは、いちばん高く伸びて、光を独り占めしようとする。

すべての木が同様のことを考えているため、熱帯雨林の木々は非常に背が高い。

ところが、ふとその熱帯雨林を俯瞰《ふかん》して全体を見渡してみると、光を得ているのは最上部の葉っぱだけだということに気がつく。一生懸命背伸びして、高いところにたどり着こうとしているが、日が当たっているのはごく一部なのである。

そして、より大事なことは、すべての木の背が低くても「各樹木が得られる光の量は同じ」ということだ。

自分だけ太陽の光を得ようと競い合って伸びても、誰も何も考えず「当初」の高さでとどまっていても、「得られるもの」は同じだったのである。熱帯雨林に生息している樹木は、なんと無駄なことをしているのだろうか——。

この指摘は、資本主義経済に生きるわたしたちの姿をよく表していると言えるのではないでしょうか?

ほとんどの人は、より多くの光を得るために「他人よりも上」に行こうとします。ところが、他人も同じことを考えており、みんなとりあえず上を目指して生きています。

その結果、熱帯雨林の木々と同じように、最終的に得られるものは「競い合う前となんら変わらない」という状況に陥っているのです。

なんとも皮肉な結果です。

では、競い合う前とまったく同じ状況なのかというと、そうではありません。熱帯雨林の例でいえば、木々が太陽の光を求めて競い合った結果、「得られるもの（光の量）」は競い合う前と変わりません。

では、何が変わったのか？

そう、競い合う前に比べて、幹が異常に長くなってしまっているのです。その大きく伸びた幹を維持するためには、より大きなエネルギーを必要とします。

熱帯雨林の木々と同じように、わたしたちもやみくもに「他人よりも上」を目指すと、得られる「光の量」は変わらない一方で、競い合うだけ体力や気力、そして時間を失います。他人と競い合う過程でエネルギーを消耗し、ストレスを受け、疲弊《ひへい》していくのです。

結果的に「得られるもの」は同じだったからといって、失った体力・気力・時間が戻ってくるわけではありません。

この分は「無駄に」消耗してしまうのです。

それに、他人よりも上を目指している人は、非常に不安定になります。少しでも上に手が届くように背伸びをしている人を想像してみてください。

みんなが多くの光を得ようと
「上」を目指して競い合うと……？

結局得られる光の量は変わらない

コグレ Point!

ムダに伸びた幹のために
「より多くのエネルギー」が
必要になる！

背伸びをしているので、とても不安定です。横から少し押しただけで、よろよろとバランスを崩し、場合によっては倒れて怪我《けが》をしてしまうかもしれません。

背が低くても幹が太くしっかりしている木に比べて、細長い木は嵐に弱い。ちょっとした台風でも簡単に折《お》れてしまいます。それと同じで、背伸びをして上に伸びようとしている人は、変化や混乱に弱くなります。

上に手を伸ばすことに一生懸命で、その他のことに気が回りません。上しか見ていないので、足をすくわれやすくなったり、ちょっとしたダメージにも弱くなってしまっているのです。

## 経済構造的「囚人のジレンマ」

熱帯雨林の木々と同じように、資本主義で「上」を目指している人は、虚《むな》しい努力(むしろ、マイナスの努力)をしています。

なかには、自分が「虚しい努力」をしていることに気づいている人もいるでしょう。

でも、気づいていても、それをやめることはできません。なぜなら、みんなが上に伸びているなかで、自分だけ伸びるのをやめたら、人々の影に埋もれて、二度と日の目を見ることができない、そう感じるからです。

「わかっちゃいるけど、やめられない」のです。

これをわたしは「経済構造的『囚人《しゅうじん》のジレンマ』」と呼んでいます。

「囚人のジレンマ」とは、ミクロ経済学の「ゲーム理論」というジャンルで有名なたとえ話です。

簡単に説明してみましょう。

あるとき、二人組の泥棒《どろぼう》（泥棒Aと泥棒B）が警察に逮捕されました。なかなか犯行を認めない二人に対して、警察はつぎのような提案を行いました。ちなみに、二人に対する取り調べは、同時に別々の部屋で行われます。

①片方が自白して相方が黙秘《もくひ》した場合、自白したほうは釈放
　黙秘したほうは懲役《ちょうえき》10年
②両方とも自白したら、どちらも懲役7年
③両方とも黙秘したら、どちらも懲役1年

つまり表にまとめると、左ページのようになります。

警察がこの提案を行う前は、二人ともに犯行を認めませんでした。

つまり、二人とも「黙秘」していたわけです。

そして、表を見ればわかりますが、二人にとって「もっともいい選択肢」は、「二人とも黙秘し続ける」ことです。そうすれば、二人の懲役は合計で2年となり、「チーム（全体）」としては最良の選択になります。

ところが、泥棒A、泥棒B各自の判断が「チームとして最良の選択肢」に落ちつくわけではありません。それは、A、Bそれぞれが「自分の利益を優先するから」です。

しばらく「黙秘」していたAは、やがてこう考えるようになります。

「自分が黙秘、Bも黙秘であればお互い懲役1年。でも、自分だけ自白すれば釈放される！」

ところが、Bもバカではありません。「Aは自分だけ自白するだろう」と勘《かん》づきます。そして、もしAが自白するのであれば、「このまま黙秘していたら、自分だけ懲役10年になってしまう！」と考えます。

そしてBは「自分は黙秘して懲役10年」か「自分も自白して懲役7年」かを選ぶこ

| | Bが自白 | Bが黙秘 |
|---|---|---|
| Aが自白 | A 懲役7年<br>B 懲役7年 | A 釈放<br>B 懲役10年 |
| Aが黙秘 | A 懲役10年<br>B 釈放 | A 懲役1年<br>B 懲役1年 |

コグレ
**Point!**

**お互いに自分の
利益を考えて行動すると、
ジレンマが起こる!**

とになります。

結果として、「二人とも自白する」ことになり、懲役は7年ずつになってしまうのです。

全体で見れば、二人とも黙秘するのが「最良の選択肢」です。しかし、自分の利益を考えた結果、かえって自分にとっても悪い結果になってしまうのです。

これが「囚人のジレンマ」という現象です。

## 資本主義経済を生きるわたしたちのジレンマ

資本主義経済も同じではないでしょうか?

もし熱帯雨林の木々が、「これ以上、伸びるのはやめよう」とみんなで口裏《くちうら》を合わせていたら、無駄に伸びる必要はなく、もっと違うことにエネルギーを使えたはずです。

太陽の光をより多く吸収できるように「葉」を改良したり、地中など、光以外から栄養をとることを考えたりと、上に伸びることに使っているエネルギーを効率的に活用できたはずなのです。

人間社会も同様です。「ある程度の高さ」以上、伸びることをやめ、そこから同じ光を有効活用して生活を充実させたり、光以外のものに生きがいを見つけることができたのではないでしょうか？

競争が悪い、と言いたいのではありません。

競争がなければ、人間社会の進歩は止まってしまい、いまのように便利な世の中は実現されなかったでしょう。

しかし、成長や競争には、本来目的があるはずです。そして、目的に対して「適度な成長」「適度な競争」があるはずです。

「人よりも上」「今よりも多く」を目指すのではなく、人間ひとりひとりが、その適度な成長・競争を踏まえた「全体として最良な選択肢」を選ぶことができれば、「みんなにとって好ましい生き方」「みんなが幸せになる社会」が可能なはずです。

やみくもに上を目指しても、結果的に得られる光の量は変わりません。だとしたら、「適切なレベルの目標」を見据《みす》えて、みんなでそこにとどまればいいはずです。

しかし、各自が自分の利益を追求したり、「他人よりも上」を目指した結果、全体としてだけでなく、自分にとっても「悪い結果」になってしまいます。

これは、まさに「囚人のジレンマ」です。

## ラットレース

お互いに競争して切磋琢磨《せっさたくま》するのが資本主義経済です。しかし見方を変えると、誰もが「他人よりも上」を目指さなければいけないのが、この資本主義経済です。そういう構造になっているのです。

わたしがこの構造に気づいたのは、大学4年生の秋のこと。就職活動を終え、あとは卒論を書いて卒業旅行に行くだけという時期でした。

「半年後には、こんな世界に入るのか?」

それが率直な感想でした。

当時は「資本主義経済では、誰もが熱帯雨林の木々と同じく無駄な競争をしている」というような客観的な判断はできませんでした。分析するというより、ただ単に「社会に出たら走り続けなければいけないんだ……」と非常に重たい気持ちになったのを覚えています。

この時期に読んでいた『金持ち父さん 貧乏父さん』のなかでは、「労働者はラットレースから抜け出せない」という指摘が頻繁《ひんぱん》にされています。

「ラットレース」とは、ネズミ(ラット)が回し車の遊具のなかで走っても、まったく前に進まない様子からつけられた言葉です。

どんなに一生懸命走っても、場所が変わっていない――この指摘と「どんなに上に伸びても得られる光の量が変わらない熱帯雨林」と「囚人のジレンマ」のたとえがすべて重なり、もはや言葉にはできないほどの暗い気持ちになりました。

さらに、大学の卒業式後に行われた「卒業パーティー」で、同窓の先輩である橋本龍太郎《りゅうたろう》元首相から、「君たちはあと1週間で地獄に入る」というビデオメッセージをもらい、ますます暗澹《あんたん》たる気持ちになりました。

しかし同時に、「では、そういう資本主義経済のなかで、労働者である自分はどうすればいいのか？」「日々、どう行動すべきなのか？」ということについても考え始めました。

「やみくもに上を目指すのはやめよう」と言っても、そんなことは理想論であり、ひとりの力で社会を変えることはできません。

ひとりでできる、ラットレースから抜け出す具体的な方法が知りたかったのです。

『金持ち父さん 貧乏父さん』では、「だから不労所得を作れ！（不動産投資や株式投資を行え！）」と結論づけています。

ただ、当時のわたしにはあまりに現実離れした話でした。

もっと身近で、自分がイメージできる解決策を探していったのです。

そしてたどりついたのが、「労力をかけずに、高い給料をもらう」という考え方でした。

続く第3章からは、サラリーマンとして実行できる「給料の上げ方」にフォーカスしていきます。

とはいえそれは、「会社選び・転職斡旋」「各企業の人事制度」の話ではありません。

資本主義経済の本質まで掘り下げたうえで実践できる、現実的かつ具体的な方法なのです。

# 第3章

# どうすれば「高い給料」をもらえるようになるか？

## ラットレースに巻き込まれない方法

資本主義経済のなかでは、熱帯雨林の木々がとにかく「上」に伸びようとするように、わたしたちは構造的に不毛な競争にさらされます。

そうしたなかで、何も考えずに漠然と企業で働くと、誰もがこの「ラットレース」にはまってしまう危険性があります。

ですが、だからといって『金持ち父さん　貧乏父さん』のなかの「金持ち父さん」のようには、なかなか働けません。「不動産を所有して不労所得を手にしよう」というアドバイスがなされていますが、その本を読んだ当時のわたしにとっては、あまりにも現実味がありませんでした。

そのための経済力もないし、アパートやマンションを経営する知識やノウハウもなかったからです。

ビジネス経験もない自分がいきなり「不労所得」を目指すのには無理があります。まずはサラリーマンとして働かなければいけない。しかし、ラットレースには巻き込まれたくない。かといって、競争を諦《あきら》めて山奥で静かに暮らすという選択肢も、自分にはない。

そこでわたしが考えたのが、「自分を高く買ってもらう方法」です。どうすれば、ラットレースに巻き込まれず、それでいて「目標」を持って自分の仕事を行っていけるのか？

もちろん、すぐに答えが出せたわけではありません。しかし、ふり返ってみると、結局は、

「労働力という商品」を、どうすれば高く買ってもらえるのか？

という一点を理解することが、答えに近づくヒントでした。

労働力も「商品」です。そして一般の商品と同じ論理で労働力の値段（給料）も決まっています。この章では、あらためて商品の値段の構造を整理し、「商品を高く買ってもらうために不可欠な要素」をあげていきます。そしてそこから「高い給料をもらうための方法」をつきとめていこうと思います。

## 自社の専門技術で作った商品が売れないのはなぜか？

「苦労して作ったんだろうな。でも自分には不要だから買わない」

そう感じる商品を見たことがあると思います。これはつまり、「価値はあるが、使用価値がない商品」のことですよね。

たとえば、わたしにとっては「細かい彫刻が施《ほどこ》してある木の置物《おきもの》」や「バレンタインに発売される無意味に高いチョコレート」なんかが、これにあたります。

「これほどの彫刻を施すには、長い時間作業したんだろうな。本当に手がかかっている」と感じます。労力がかかっている＝価値がある、ということは認めます。しかし、わたしは特に彫刻が好きなわけではありませんし、目下《もっか》、部屋に置きたいとも思っていません。

2月初旬に売っている「豪華なチョコレート」を見ても、同じように思います。たしかに高級な材料を使っていたり手間をかけて作っていることはわかりますが、100円で売っているコンビニの板チョコのほうがおいしくて、ありがたかったりします。

わたしにとっては、どちらも使用価値（有益性・メリット）がない商品なのです。

手間がかかっていて価値はあるのに、使用価値がないから、商品として必ずしも望まれているわけではない――現実のビジネスでも、「木彫りの彫刻」や「バレンタインのチョコレート」と同じような商品が多数存在しています。

たとえば、新商品を作る際に、自分たちが長年研究してきた技術を使おうとする会社があります。「せっかくこんなに時間をかけて研究したんだから」「ここまでの知見があるのは当社だけだ」というのが常套句《じょうとうく》です。

「今まで積み上げてきたもの」には、相応の労力がかかっています。つまり、大きな「価値」を持っているのです。そのため、「これだけがんばったんだから、顧客は買ってくれるはず」だと考えがちです。

しかし、こういった考えには「使用価値」の視点が抜けています。

商品を作っている本人たちは、自分たちの専門技術を活かしているつもりかもしれませんが、でも、その商品に買い手が使用価値を感じなければ、まったく意味がないのです。

当然の話ですが、顧客が商品を買うのは、「生産者ががんばったから」「誰かが苦労して作ったから」ではなく、「自分にとってメリット（使用価値）があるから」です。

顧客に対する使用価値を考えずに、自分たちの都合だけで商品を作っても、顧客に認めてもらえるはずはありません。

需要は少なくなり、値段は下がっていくのです。

## 「ぼったくり」は、なぜ「ぼったくり」なのか？

「使用価値」がなければ商品を高く買ってもらえないことは、多くの人が認識しています。ですが、「使用価値」があっても商品を高く買ってもらえないことがある、ということはあまり理解されていません。

たとえば、「この商品はぼったくりだ」と感じたことがあると思います。

でも、なぜ「ぼったくり」なのかと考えたことはありますか？

ぼったくり商品は、ただ単に「値段が高い」という意味ではありません。

たとえば、「10万円」というお金は「大金」です。ですが、自動車が10万円で売っていたとしたら、誰も「ぼったくり」とは思わないでしょう。むしろ、「そんなに安くて大丈夫？　本当に動くの？」と不安になります。

しかし一方で、観光地で売られている自動販売機のジュースが300円だと、「ぼったくり」だと感じます。

つまり、値段の絶対額ではなく、「中身に対して高い」と感じる商品が「ぼったくり」なのです。

ただし、ここでひとつの疑問がわいてきます。

「中身に対して高い」のであれば、誰も買わないはずです。そして誰も買わなければ、いくら「ぼったくり」をしたくても、できないはずです（この場合、「ぼったくりバー」など、法外な値段と知らずに購入してしまうケースではなく、事前に値段がわかっている商品に限定して話を進めます）。

では、なぜ「ぼったくり商品」は世の中に多数存在するのでしょうか？

それは、商品の「価値」と「使用価値」に答えがありました。

ぼったくり商品が存在するのは、そのぼったくり商品を買う人が実際にいるからです。そして、なぜ買う人がいるのかというと、その値段でもその商品を買いたいと思うからです。

つまり、その値段以上の「使用価値（有益性）」があるので、その商品を買います。買うか買わないかという判断では、「買う」という判断をしているのです。しかし一方では、「ぼったくり」だと感じています。

なぜか？

それは、「価値」がないからです。価値と比べて値段が高い、つまりその商品を作り出すのにかかった労力と比べて値段が高すぎると考えているのです。

たとえば、こういうことです。丸3日間、水を飲んでいない人は、コップ1杯の水が何よりもありがたいでしょう。そのため、コップ1杯の水を、1万円、10万円、もしかしたら100万円払ってでも飲みたいと感じているかもしれません。

しかし実際に「じゃあ100万円で売ってあげるよ」と言って、自分の家の水道の蛇口《じゃぐち》をひねって水を汲《く》み、売ろうとしている人を見たら、どう思うでしょうか?

間違いなく「ぼったくり」と思うはずです。

「コップ1杯の水＝100万円はぼったくり」だと思っているわけです。

では、こちらの例ではいかがでしょうか?

同じように、丸3日間、水を飲んでいない人にコップ1杯の水を100万円で売ります。ただし、水を買う人も売る人もサハラ砂漠のど真ん中にいて、移動手段を持っていません。

水を売る人は、命がけでオアシスを探しに出かけて、自分の水筒に入れてまた歩いて戻ってこなければいけません。

さて、「コップ1杯100万円」をぼったくりだと思うでしょうか?

おそらく、思わないはずです。

どちらも同じコップ1杯の水です。同じものを売るのに、なぜ蛇口から出したらぼ

## 「価値」はあるが、「使用価値」がない

木彫りの彫刻

豪華なチョコレート

## 「使用価値」はあるが、「価値」がない

観光地のジュース

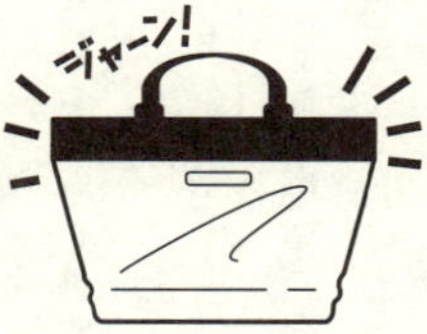


ナイロンでできたブランドのバッグ

コグレ

**Point!**

「使用価値」がなければ売れない！
「価値」がなければ「ぼったくり」!!

ったくりで、歩いて汲みに行ったらぼったくりではないのでしょうか?

それは「コップ1杯の水」を手に入れるための労力が違うからです。つまり、「そのコップ1杯の水の価値」が違うからなのです。

これが、ぼったくり商品の構造です。

「使用価値」があるから、買ってしまう。しかし、「価値」がないから、納得感はない。

それが「ぼったくり」なのです。

## 商品には「使用価値」だけでなく「価値」もなければいけない

たしかに、「ぼったくり」でも、短期的には売れるかもしれません。ですが、購入者は心の底から納得しているわけではありません。

人は、使用価値があれば進んでお金を払うわけではないのです。

商品を販売するときに、よく「顧客の利便性(=使用価値)を考えろ」と言われます。しかし、それだけで顧客が納得して商品を買ってくれるわけではありません。

「ぼったくり商品」は、顧客にとっての利便性を持っています。だから買ってしまうわけです。しかし、納得して買っているわけではないので、顧客も「できれば買いたくない。他で買いたい」と思っています。

顧客に進んでお金を払ってもらうには、他の要素が必要です。

それが「価値」です。

商品は相応の「価値」を持たなければいけません。その商品を作るのにはそれだけの労力がかかっている、だからその値段を払ってしかるべき、と買い手に認めてもらわなければいけないのです。

「使用価値だけではなく、価値もなければいけない」

これはとても重要な認識です。

「木彫りの彫刻」のように、価値はあっても使用価値がない商品に高いお金を払わないのは、わかりやすいでしょう。「消費者にとって役に立たなければ（使用価値がなければ）売れない」ということは、誰もが直感的に理解できます。

ただし、そのせいで「使用価値さえあれば商品は売れる」と思われがちです。しかしそれは間違った認識です。

なぜなら、商品の「価値」に目が向けられていないからです。

## なぜあの大ベストセラーも8掛けなのか？

人は、使用価値があれば進んでお金を払うわけではない——。

それは、本屋さんで売っている紙の本と最近話題になっている電子書籍の値付けを比較してみると、より理解できるでしょう。

本は、文章を通して読者に「情報」を届ける商品です。

なかには、書いてある内容よりも物質としての「本」が好き、という方もいるでしょうが、一般的には、読者は「紙の束《たば》」を買っているのではなく、その中に書かれている「情報」に対してお金を払っています。

だから、「こういう形や厚さ、手触りの本が欲しい」という人はいません。そうではなく、「こういう内容（情報）の本が欲しい」と言います。

「あたりまえのことを言うな！」と思われるかもしれませんが、ここで不思議なことが起こります。

同じ内容の本でも、電子書籍は紙の本よりも値段を安くしないと売れないのです。

たとえば、紙で１５００円の本は、電子書籍にするとだいたい８掛けの値付けがされているケースが多いでしょう。年齢を問わず読まれ大ベストセラーとなった『漫画君たちはどう生きるか』は、紙の本の1300円（税別）に対して、電子書籍だと1020円（税別）です。

本音では、出版社は電子書籍をできるだけ高い値段、できれば紙の本と同じ値段で売りたいと思っていますが、読者が割高感を感じてしまって買わないのです。

みなさんもご自身の経験で考えてみてください。

紙と電子が同じ値段で売られていることに対して、「ぼったくり」だと思いませんか？

読者が割高感を感じてしまういちばんの理由は、「紙代がかかっていないのに」です。

要するに、その商品を作り上げる費用が少ないから、値段が安くなってしかるべき、と考えているのです。

つまりこれは、商品を「価値」で判断しているということです。

読者は「紙の束」を買っているのではなく、その中に書かれている「情報（使用価値）」に対してお金を支払っている――これには賛同いただけると思います。ですが、「中の情報」が同じであっても、価値が低い電子書籍には同じお金を支払わないのです。

商品には使用価値だけではなく価値もなければいけないということを、実感していただけたのではないでしょうか？

## 労働力にも、使用価値だけではなく価値が不可欠

そして、ここからが重要です。

「使用価値だけではなく、価値もなければいけない」というのは、労働力という商品にも当てはまるのです。

これはとても重要な認識です。

労働力の「使用価値」というのは、わかりやすいでしょう。

労働力の使用価値とは、その労働力を使って得られるメリットのことです。労働力を使うのは企業なので、その企業に対する有益性・メリットとは、すなわち「利益を生み出すこと」になります。

それが、労働力の使用価値です。

高い使用価値があれば、すなわち、仕事で大きな利益を生み出すことができれば、「こいつはやりそうだ！」ということで、企業からの「需要」が増えます。そうすれば、高い給料で雇ってもらうことができるようになります。

「がんばった」とか「苦労した」ということは関係ありません。わたしが「木彫りの彫刻」や「豪華なチョコレート」に高いお金を払わないのと同様、企業も「使用価値のない労働者」には高いお金を払いません。

ここで大切になるのは、あくまでも「成果や利益（使用価値）」なのです。

労働力の使用価値（企業から見た有益性）を上げるのは、たとえば、普段の1・5倍働いて1・5倍の成果を上げることでも可能です。それはつまり、「残業」することです。

また、なんとか営業ノルマを達成することでも、それは可能でしょう。

その代わり、企業はみなさんに「残業代」と「インセンティブ」をくれます。少しお金がもらえるのです。

そして多くの人が「高給取り」になろうと、長時間労働をしたり、休日返上で働いたりしています。労働の成果を出そうとすること自体は重要ですので、否定はしません。

しかし、重要なのはここからです。

わたしが第1章で説明したことを思い出してください。

給料は、まず「労働力の価値」で決まります。

そしてそこから「需要と供給の関係」が働き、優秀な人の給料は「基準」よりも高く、評価が低い人の給料は「基準」よりも低くなります。

つまり、あらためて確認すると、給料のベースは「使用価値」ではなく「価値」で決まっているということです。

だとすると、労働者であるわたしたちは、まずは高い使用価値ではなく、高い価値を持たなければならないのです。

順番を間違えてはいけません。

多くの人が、必死に自分の使用価値を高めようとがんばっていますが、その前にやるべきことがあります。

「ぼったくり商品」を思い出してください。ぼったくり商品は高い使用価値を持っていますが、価値が低いため、顧客はできれば高いお金を払いたくないと思っています。

労働力という商品においても同じことです。

労働力には、相応の「価値」がなければいけません。その労働力にはそれだけの労力がかかっている、だからその値段(給料)を払ってしかるべき、と買い手である企業に認めてもらわなければいけないのです。

多くの人が、自分の給料を上げるために「成果を出そう（使用価値を上げよう）」としますｌ。しかし、資本主義社会のなかでは、「価値」を上げることを真っ先に考えなければいけません。

使用価値を高めるのは、そのあとです。

## 毎日毎日全力でジャンプする働き方

「労働力の使用価値」より「労働力の価値」を先に高めることには、もうひとつ大きな理由があります。

それは、使用価値で狙える昇給は「その場かぎり」だからです。

たとえ社長賞でボーナスをもらって喜んでいても、つぎの年にはまた元の給料に戻ってしまうでしょう。

使用価値でお金を得ようとするのは、たとえて言うならば、毎日毎日「高いところ」を目指して全力でジャンプしているようなものです。

たしかに、毎日毎日ジャンプすれば、高いところに手が届きます。ただしそれは、その日だけです。翌日もまたゼロからジャンプしなければいけません。

「しんどい」と思っても、ジャンプすれば、そのときは手が届いてしまうので、「うまくいっている」と感じてしまいます。

多くの会社員がそう誤解しており、「働き方」を改善しようとはしません。

その結果、毎日全力でジャンプすることになって、「いつもしんどい」のです。

営業ノルマを達成すれば、社内での自分の評価が高まり、「需要」を高めることにもなります。それは、たしかに給料を増やすことにつながります。

しかしそれは、「需要と供給の関係」を通して、多少給料が変わる程度の影響しかありません。労働力の価値は変わらず、あくまでも「プラスアルファ」としてしか給料に反映されません。

何度もくり返しますが、給料がいくらになるか、その基準金額を決めているのは「労働力の価値」です。ということは、労働力の価値が変わらなければ、給料の基準金額も変わらないのです。

そして、その労働力の価値は、「積み上げ」によってのみ変えることができます。

労働力の価値は「労働力の再生産に必要なものの量（価値）の合計」であり、労働力の価値には「その仕事ができるようになるために費やした労力も含まれる」ということを思い出してください。

コグレ

Point!

たしかに、
全力でジャンプすれば
高いところに手が届く

より高度な仕事をするために費やしてきた労力が、「労働力の価値」として認められるのです。

仮に毎月必死にノルマを達成しても、それが「積み上げ」になっていなければ、労働力の価値は上がりません。

知り合いの証券マンは、毎月厳しいノルマに追われ、達成できそうにないと土日返上でお客さんを訪問していました。いまのところなんとかノルマをクリアできているそうですが、本人は何か「積み上げている」とは思えないようです。

単に時間を使って足で回って、頭を下げて契約をしてもらう、そのくり返しだそうです。

たしかに、なんとしてでも目標を達成するという気概《きがい》や、食らいついていく根性は養えるでしょう。ですが、それは会社から強いプレッシャーを与えられているからにすぎず、新しい知識やスキル、能力を身につけているのとは違います。

彼の場合、会社からのプレッシャーがなくなれば、契約件数は格段に少なくなるはずです。

さらに不幸なのは、必要経費方式の給料体系を採用している企業では、このような「がんばり」「気概」「根性」などが多少評価されてしまう、ということです。

以前、「24時間戦えますか？」というテレビCMのキャッチコピーがありました。裏を返せば、「長時間労働はあたりまえ」という意味です。

それが世間の声だったのです。

靴を何足はきつぶしたかが「いい営業マンかどうか」の判断基準になっていた時代もありました。「靴をはきつぶす」とは「物理的に歩き回った」ということで、お客さんのところを必死に回って営業を重ねた象徴と受け取られていたのです。

たしかに、このように努力することで営業成績が伸びれば、悪いことではありませんし、上がった成績の分だけ評価が高まるでしょう。

しかし、「必要経費方式」で給料が支払われている企業では、それはあくまでも「プラスアルファ」の給料にしかなりません。

実際の「リターン」には、プラスアルファ程度しか影響しませんが、口頭では褒《ほ》められたり、表彰されたりします。それが大きな誤解を招くのです。

褒められた社員は「これが自分の評価を上げ、さらには給料を上げる『正しい努力の方法』だ」と考えて、それを必死にくり返します。

褒められることは大事なことです。また、たとえ昇給しなくても、やりがいを感じられるのであれば、それも「正しい道」です。

ただ、ここで問題視しているのは、「労働者自身が『正しい努力の方法』を見誤っている」ということです。

## どんなに残業しても裕福にはなれない！

見逃せないのは、毎日全力でジャンプして追加でもらえる給料は、

「どのくらい疲れたか」

「そのために、どんな楽しみを犠牲にしたか」

「どのくらい追加で成果を出したか」

などとは一切関係なく、

「プラスアルファの分働いて消耗した体力を再生産するために必要な経費だけ」

ということです。


たとえば、3時間残業したとします。普段より疲れますし、プライベートの時間がそれだけ短くなります。ところが、この「プラス3時間」で消耗した体力を回復するためには、「プラス30分の睡眠」で済んでしまったりします。

だとすれば、プラスで得られる給料は、「30分に相当する額」だけになります。

また、残業をした結果、楽しみにしていた飲み会に行かれなかったとします。精神

的には不満がたまりますよね。でも、その不満は、自宅に帰って缶ビールを2本飲んで寝たら忘れてしまうかもしれません。そして、つぎの日も変わらず働けるかもしれません。

この場合、「楽しみにしていた飲み会」を犠牲にして働き、その対価として増える給料は「缶ビール2本分」なのです。

これが、「残業代」というものの正体です。

さらに、顧客に食らいついて、追加で商品を売りました。そして、自社の利益を100万円増やすことができたとします。

でも、その労働から自分が得られる給料は、「生み出した利益」とは無関係です。

また、この追加営業で費やした精神的・肉体的疲労とも直接は無関係です。

直接的に関係があるのは、「その労力を回復させるための費用」だけです。

かけた労力は大きくても、「労働力の再生産コスト」はそこまで高くありません。

そのため、その労働に対してもらえる給料も大して増えないのです。

少しでも多く給料をもらおうと考え、そのつど「全力でジャンプ」する。一方で、その苦労の結果得られるものは、自分が生み出した利益と比べてはもちろん、自分が費やした労力と比べても格段に少ない――。

このような「働き方」をしている以上、裕福になれないのは当然かもしれません。

## 時間と体力と精神力を使って働く「しんどい働き方」

労働者が出した成果に対して企業が出す報酬は、言うなれば労働者のガス抜きのためであって、それ以上でもそれ以下でもありません。

労働力の「使用価値」で稼ごうとし、首尾よく成果を出せたとしても、企業から支払われるのはその成果に対してではなく、その成果を生むために費やした体力・精神力を「回復させる費用」だけです。

そして、その成果を再び生み出すためには、またもう一度、全力でジャンプをしなければなりません。

「そんなのは嫌だ。もう転職しよう」

ですが、転職したとしても、同じことです。

これは、個別の企業の人事制度の問題ではないからです。

「景気が良くなったら、状況が変わるだろう」

それも違います。景気が良くても悪くても、給料はこのような考え方を基準に支払われています。

これが資本主義の構造であり、資本主義経済なのです。

わたしがリクルート社に在籍していたとき、「今期はどうしても『S』以上を取って、給料を上げたい。残業が増えそうだけど、もっと稼がないと生活が苦しいから仕方がない」と話している同僚がいました。

これは業績査定の話で、「S」とは個人の業績を測るレベルのことです。与えられた仕事に対して標準的な成果を上げた人は「A」の評価をもらいます。一段階低い評価が「B」、そのつぎに「C」、「F」と続きます。

反対に、「A」よりも高い評価が、「S」「SS」「SSS」でした。同僚は、「給料を上げたいから『S』以上を取りたい」と言っていました。つまり、お金のためにより一層の「努力」をするつもりでいたのです。

しかし、リクルート社のなかで「A」以上の評価をもらうのはむずかしいことです。

その評価をもらえること自体はすごいことだと思います。ただ、当然その評価は「タダ」ではもらえません。相応の犠牲を払わなければいけないのです。

自分の能力を根本から向上させるのではなく、より時間と労力を使うことでこの評価を得ている人は、毎日「全力のジャンプ」をし続けなければいけないでしょう。「労働力の価値」を変えなくても、その日に時間と体力と精神力を使って業績を出せば、「労働力の使用価値」で稼ぐことができてしまいます。

でもそれでは、「ジャンプ」をやめた瞬間に評価は下がり、給料も下がります。「その日かぎりのジャンプでも、くり返していけば、そこから何かが得られるのでは？」

そういう意見もあるでしょう。

たしかに、他人より長く働き、より多くの時間をかければ、何かが得られるかもしれません。「その日かぎりのジャンプ」とは言っても、ゼロには戻らず、多少は「積み上げ」になっているかもしれません。

そして多くの方が「これを続けていればいつか成長するはずだ」と信じて、日々の激務に耐えています。

しかしそれは、「はず」ではなく、構造を知ったうえで確信を持って、かつ意図的に行わなければいけません。

「労働力の使用価値を高めよう（＝ノルマをクリアしよう、長時間働いて残業代を稼ごう、仕事に全精力を集中していればいつか必ず成長する）」と考えている人は多くいます。

しかし、「労働力の価値を高めよう」と明確に意識している人は、ほとんどいません。

資本主義の構造を理解せずに、日々「自分の労働力の使用価値」だけで稼ごうとしている人がなんと多いことか――。

これでは疲弊して当然です。

## さあ、しんどい働き方から抜け出そう！

多くの人は、何か事故や病気、災害などの「大きなこと」が起こるまで、「働くとはどういうことか？」ということについて、あまり真剣には考えません。

就職活動のときは多少考えたかもしれませんが、それは「自分に向いている職業は何か？」「どの会社が良いか？」ということであって、労働の本質を考えることではなかったはずです。

そして、一度社会に出てしまえば、瞬《またた》く間にラットレースに巻き込まれて、立ち止まって考える余裕も時間もなくしてしまいます。

さらに、企業や経営者やリーダーが垂《た》れ流す「成長しよう」という耳触《みみざわ》りの良いフレーズを信じて、その裏側にある構造・仕組みに目を向けようとはしません。

それは、自分が生きている世界の「正体」を知らない、映画『マトリックス』の世界の住人と同じ状態です（『マトリックス』は、コンピュータに支配されている世界、コンピュータが人の脳に電気信号を送り、「生きている夢」を見させている世界を描いた映画です。まだご覧になっていない方は、ぜひ一度観てみてください）。

そして、日々必死になって働きながら、「どうして働いても働いてもしんどいのだろう？」「こんなにバカみたいに働いて、その先に何があるんだろう？」と、漠然とした疑問を感じつつ、答えが出せないまま日常を過ごしています。

がんばりすぎて病気になる人や、精神を病《や》んでしまう人もいるでしょう。いや、いまやそういう人ばかりになってしまっています。

「なぜ、そこまでしんどく働くのか？」という質問に対して、

「将来、楽をしたいから」

と答える方がいます。

ただ、そう言っている人は、「将来」も相変わらずしんどく働いているでしょう。

そして、「しんどい」と感じている人は、そのしんどさから抜け出そうとして、ますますしんどく働くようになるのです。まさにこれはラットレースでしょう。

決して努力が足りないのではありません。

ただ、「間違った努力」をしていたのです。

みなさんは、いま自分が住んでいる世界の「正体」を知りました。

自分の人生をふり返ってみて、自分の費やしてきた労力が間違った方向に向かっていたことに気づいたかもしれません。

なぜこんなに苦しかったのか、ようやく理解できた、という方もいるでしょう。

厳しいですが、これが現実です。この世界に、わたしたちは住んでいるのです。

ですが、いまからでもできることがあります。

この世界の「正体」を知ったのなら、この世界で生きやすくなるように、働き方・生き方を変えることができるのです。

気づかなかったふりをして、いままで通り、毎日全力でジャンプし続けますか？

それとも、わたしと一緒に「新しい働き方・生き方」を目指してみますか？

第4章

# 年収1000万円になったあなたには、「激務」だけが残る

## 「売上」よりも「利益」が大事

わたしは第1章から第3章までを費やして、

「給料の本質」

「資本主義経済の構造・仕組み」

「その中で生きる労働者の必然的な運命」

「高いお金を払ってもらうための条件」

について語ってきました。

これらを理解したうえで、この章からは「わたしたち労働者はどう働き、どう生きるべきか？」という、みなさんがいちばん知りたいことについて、具体的に説明していきたいと思います。


あらためて「利益」というものについて考えることから話を始めましょう。

ビジネスにおいて企業が目指すべきものは、何を差しおいても、まず「利益」です。決して「売上」ではありません。

売上も当然大事ですが、いくら売上を上げても、売上以上に費用（コスト）をかけてしまえば、赤字になります。そして、営利目的の企業にとって、「赤字＝目的を達成できていない」ということになってしまいます。

赤字が続けば、いずれ会社は潰《つぶ》れてしまうでしょう。

もちろん、ほとんどの企業は「こんな商品を提供して、世の中を良くしたい」「消費者に喜んでもらいたい」という利益以外の目的を持っていますが、だからといって利益なんてどうでもいい、という企業は存在しません。

ビジネスの目的は「利益」を上げることです。

利益を出してこそ、企業は存続し、社会貢献も続けられます。企業にとっては、まず利益を上げなければ意味がないのです。

## 利益の方程式

利益を計算するための「利益の方程式」は、きわめて単純です。

**利益の方程式**

売上 − 費用 ＝ 利益

ということは、利益を増やすためには、

①売上を増やす
②費用を減らす

の2通りの方法しかありません。

たとえば、売上が10万円で費用が10万円だとすると、利益は「10万円－10万円＝0円」ですよね。

ここで売上を15万円に増やせば、利益は「15万円－10万円＝5万円」。また、費用を5万円に減らせば、利益は「10万円－5万円＝5万円」になります。

実際問題としては、どちらか一方ではなくこの2つを同時に行って、企業は利益を増やしていこうとします。

そしてわたしは、企業だけでなく個人においても、まったく同じように捉えることができるのではないか、と考えています。

つまり、個人においても「利益が大事」であり、そのためには「売上を増やす」か

「費用を減らす」しか手がない、ということです。

仕事に関しての話に限定すると、個人の場合、企業の「売上」に相当するものは、「年収・昇進から得られる満足感」です。

年収が増えれば、欲しいものが買えたり、美味しいものが食べられたり、海外旅行にも行けるので、満足感は高まります。貯金が増えていくのを見るのが好きだという人もいるでしょう。

また、昇進・出世して役職がつけば、まわりから尊敬されるし、仕事の規模も大きくなっていくので、高い満足感を得ることができます。特に男性の場合、出世欲はかなり強いものがあるでしょう。

これらが、個人にとっての「売上」に相当します。

もちろん、このように言われると、反発したい気持ちにもなるでしょう。

社会に参加して「成長する」ことで自己実現をはかったり、自分の仕事によって社会貢献をしたいなど、お金や出世以外のものを目的とする人はたくさんいます。ですがそれは、きわめて主観的・内面的なものであって、かなりの個人差があります。ここでは企業と同じように、あくまで会計的に「形」として見えるものについてのみ考えていきます。

## 年収1000万円なら「自己内利益」も増えるか

ではつぎに、個人において、企業の「費用」に当たるものはなんでしょうか？

それは、その年収や役職にたどりつくまでにかかる「必要経費」です。具体的には「その仕事にかかる肉体的・時間的労力や精神的苦痛」です。

前に説明した「労働力の再生産コスト」という概念と同じものです。

わたしたちが翌日もまた働くためには、消耗した体力を回復し、仕事から受けたストレスを解消しなければいけませんね（それができなければ、長期間働くことはできないでしょう）。

正確に言うと「必要経費」は「その仕事で消耗した体力を回復させるための費用」「その仕事から受けたストレスを解消するための費用」です。ただ、「その仕事のために費やしたもの（失うもの）」と「費やしたものを回復させるために必要なもの」は「同額」のはずです。

ですからここでは、「費やしたもの」をそのまま「必要経費」として説明していきます。

たとえば、年収500万円の人が年収を700万円にするには、相当の努力をしなければなりません。そのときに費やされる労力や時間などが、「費用」なのです。

そして、ここからが重要なのですが、「年収・昇進から得られる満足感」から「必要経費」を引いたものを、ここでは企業における「利益」にならって「自己内利益」と呼ぶことにします。

そうすると、自己内利益はどう算出されるでしょうか？

そう、企業における「利益」とまったく同じ方程式ですね。

**自己内利益の方程式**

年収・昇進から得られる満足感 − 必要経費（肉体的・時間的労力や精神的苦痛）＝ **自己内利益**

高い年収や昇進を求めて仕事をしても、最終的にこの「自己内利益」がプラスにならなければ、意味がありません。

個人が目指すべきは、この「自己内利益」を増やしていく働き方です。

「100万円が欲しいですか？」と聞かれたら、ほとんどの人が「YES」と答えるてください」と言われたら、どうでしょう？

当然「NO」ですよね。

なぜなら、100万円をもらうこと（売上）に対して、「1年間奴隷になる」という費用が高すぎるからです。

「自己内利益」がマイナスになってしまうのです。

この例では、誰もが「自己内利益」を考えて、提示を断るでしょう。しかし、人が「自己内利益」を常に意識しているとはかぎりません。

たとえば、年収1000万円を稼ごうとして、激務に従事する人がいます。

年収1000万円の仕事は、かなりのハードワークです。責任も重大でしょう。その激務を楽々とこなせるようなスーパーマン・スーパーウーマンであれば何も問題ありませんが、そうではない人が「年収1000万円」というお金にだけ目を奪われ、その仕事に進んで飛び込んでいきます。

あなたも「年収1000万円の仕事があるからやらないか？」と聞かれたら、大きく心が動くのではないでしょうか？

ただ、そこで熟考することなく「YES」と答えてはいけません。

# 利益の方程式

売上 − 費用 ＝ 利益

年収・昇進から得られる満足感 − 労力などの必要経費 ＝ 自己内利益

コグレ

Point!

企業も個人も
「利益」の出し方は同じ!

その1000万円を得るのに、自分はどれほどの費用を支払わなければいけないかを、ちゃんと考えなければならないのです。

もちろん、目標を持って、そこを目指してがんばることは大事なことです。しかし、年収1000万円の仕事をすることで、身体を壊し、精神的に極度のストレスを抱え、通常の生活もままならなくなる場合があります。

人生が仕事だけになり、仕事の合間に生活するようになってしまい、家庭が崩壊してしまうケースもあるでしょう。

わたしの知り合いにも、そういう人が何人もいます。

彼らは、いつもしんどそうにしているか、そのしんどさをごまかすために、自分より下の人間に強く当たったり、自分の仕事にいかに意味があるかを強弁《きょうべん》・正当化したり、自分のやり方を他人に強要したりすることが多いように思えます。

でも本当は、彼らもしんどいのです。

## 「自己内利益」が赤字になる働き方はやめる

企業では、1000万円の売上をあげても、費用が1500万円かかってしまえば、「500万円の赤字」になります。先行投資として割り切っている場合以外は、

「損をする意味のない取引」だと認識され、そのビジネスはやがて中止になります。

これは、多くの方が納得できることでしょう。

であれば、個人の収支《しゅうし》に関しても、最終的に「赤字」になってしまうのであれば、意味がないと考えるべきではないでしょうか？

生きていくうえで、目標を持って「上」を目指すことは大事なことです。ですが、その目指すべき「上」とは、企業でいえば「売上ではなく利益」であるべきです。

「売上は倍になりました！　でも、そのせいで赤字に転落しました！」では、まったく意味がありません。

個人の仕事においても同様です。

売上ではなく利益を目指さなくてはならないのです。

もっと企業や社会から評価してもらい、年収を増やしたい！

もっと責任とやりがいのあるポジションに就《つ》いて、バリバリ仕事がしたい！

そう考えることは大切なことです。まったく否定はしません。

ですが、「そのせいで身体を壊しました」「そのせいで毎日がつまらなくなりました」「そのせいで他のやりたいこと・やるべきことがまったくできなくなりました」「そのせいで家庭が崩壊しました」、では本末転倒なのです。

近年、「管理職になりたがらない人」「昇進を断る人」が増えているという話をよく聞きます。そして、そういった統計データが報道されるときは必ず、「ヘンな世の中になったものだ」「けしからん」「無責任だ」などといったコメントがついてきます。

しかし、本当はそうではないのです。

管理職になった結果、昇進した結果、自己内利益が減ったり、マイナスになってしまうのであれば、「現状」を好むほうが合理的な判断です。

自己内利益がプラスでなければ、また増えていかなければ、どれだけ給料を稼いでも、どれだけ満足感を追い求めても、まったく意味がありません。

ここをよく理解すべきだと思います。

## 「損益分岐点」は逃げていく

そうか、自己内利益を増やせばいいのか。だったら、売上を増やして、費用を減らせばいいんだな――。

そう思われるかもしれませんが、話はそんなに単純ではありません。

たしかに先ほどわたしは、利益を増やすためには、

①売上を増やす
②費用を減らす

の2通りしかないと説明しました。

そして、企業はその2つを同時に行っていると言いました。

もちろん、それはそれで正しいのですが、実際のビジネスはもう少し複雑です。言葉を足さなければならないでしょう。

というのは、売上と費用はお互いに関連しているのです。つまり、売上を増やそうとすると、それにつられて費用も増えていきます。反対に、費用を減らそうとすると、売上も一緒に減る可能性があります。

言葉として「売上を増やして、費用を減らせばいい」と言っても、実際にはそんな単純なことではないのです。

そして、さらに重要なのは、売上を増やそうとすると費用も増え、「損益分岐点が逃げていく」ということです。

どういうことか？

売上を増やすためには、あたりまえですが「増えればいいなあ」と思っているだけではダメで、売上を増やすための「施策《しさく》」を実施しなければいけません。そして多くの場合、施策にはコストがかかります。

売上を増やそうとすれば、コストも増えるのです。

たとえば、みなさんが売っている商品の単価が1万円だとします。そして、現在の総コストは100万円です。

このときの「損益分岐点」となる販売数は、100個ですよね。

ここで売上をもっと増やそうと考え、広告を出すことにしました。広告費は50万円です。そうすると、総コストは150万円に増え、コストを回収するためには150個売らなければいけなくなります。

広告を出すことで、たしかに商品の販売数は増えるでしょう。しかし同時に「損益分岐点」も上がっていくわけです。

ただ、いくら広告を出しても、販売数が150個を超えるという保証はありません。しかし、広告にかけたコストは確定します。そこで、新しい損益分岐点である150個を超えるために、また新たな施策を考える必要が出てきます。

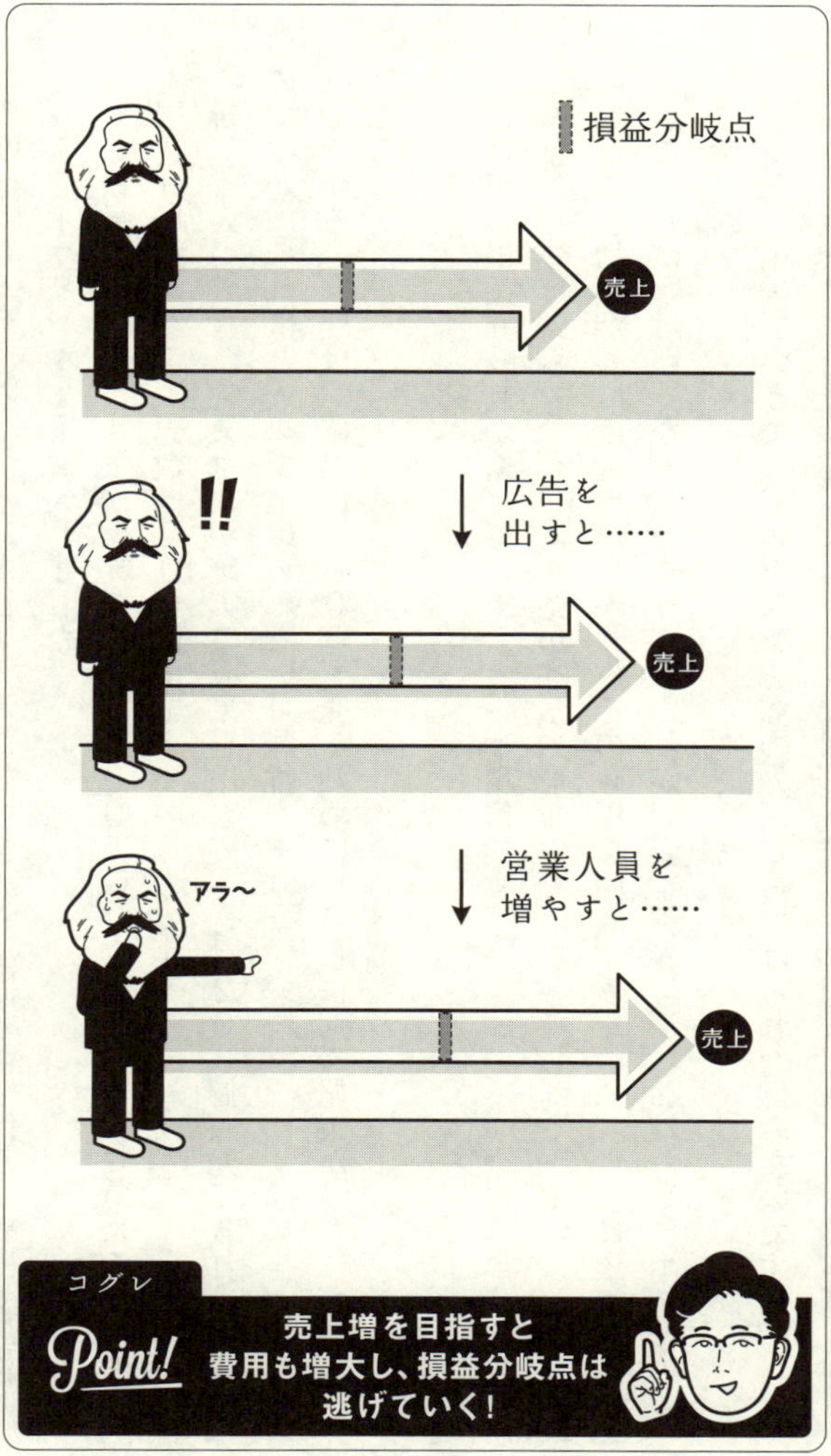
損益分岐点
売上
!!
広告を
出すと……
売上
アラ〜
営業人員を
増やすと……
売上
コグレ
Point!
売上増を目指すと
費用も増大し、損益分岐点は
逃げていく!

今度は営業人員を増やすとしましょう。また、きれいな提案書を作るために、最新のレーザープリンターも導入しました。

その結果、さらにコストが増えて、合計200万円になりました。こうなると、また損益分岐点となる販売数は200個に増えていくのです。

新しく入ってきた営業マンが確実に成果を出して、合計200個販売できればいいのですが、それほど成果を上げられない可能性もあります。

そうすると今度は、確実に200個を売るために、さらに別の施策が必要になって……。

これが「損益分岐点が逃げていく」という現象です。

みなさんのビジネスでも、よく見かける光景なのではないでしょうか？

「上」を目指すためには費用がかかり、その費用を回収するために「さらに上」を目指さなければいけなくなってしまう——これが、資本主義経済におけるビジネスなのです。

ラットレースというより、ニンジンを鼻の先にぶらさげられた馬みたいですね。ニンジンを食べようと走っても、ニンジンには一向に追いつけません。

そしてより重要なこととして、わたしたちの「人生の損益分岐点」も、商品の損益分岐点と同様に逃げていきます。

## 「人生の損益分岐点」も逃げていく

損益分岐点が逃げていくのは、個人においても同じことです。

たとえば、「平《ひら》社員・年収300万円」の人は、なんとかして「課長・年収500万円」になろうとします。そして、より長く、より集中して働きます。ストレスやプレッシャーを感じても「課長・年収500万円のためだ」と思いながら仕事をします。

しかし、だんだんと「こんなに苦労するんだったら『課長・年収500万円』ではなく『部長・年収600万円』にならないと釣《つ》り合わない」と感じるようになります。

そして、部長・年収600万円を目指すようになるのです。

しかし当然ながら、課長・年収500万円よりも多くの努力をしなければ、部長・年収600万円にはなれません。

かける「コスト」が上がるのです。

その結果、「こんなに大変な思いをするんだったら、さらに上でないと……」と感じるようになります――。

これが、「人生の損益分岐点が逃げていく」という現象です。

企業が売上を増やすために費用をかけなければいけないのと同様に、個人も「昇給・昇進（売上）」を達成するためには、なんらかの「コスト」をかけなければいけないのです。

そしてその結果、損益分岐点（「釣り合いが取れる」レベル）は、どんどん遠ざかっていきます。

## 人は幸福に慣れてしまう生き物

個人が「自己内利益」を目指して、売上を増やしていくことには、もうひとつの問題があります。

それは、「気持ち」の問題です。

年収が増えたり、会社内で良いポストに就けば、満足度が上がり、嬉しい気持ちになれるでしょう。しかし、その喜びは決して長続きはしません。

なぜか？

これは経済学でも古くから言われてきたことです。

「経済学の父」と呼ばれているイギリス人経済学者アダム・スミスは、つぎのような言葉を残しています。


すべての人間は、ひとたび自分達にとって永続的な境遇となったものに対しては、いかなる事柄《ことがら》であろうとすべてこれに遅かれ早かれ絶対に間違いのない確実性をもって自ら適応する。

『道徳情操論』アダム・スミス著、米林富男訳/未來社

やさしく要約すると、「どんな環境や状況にも、人は必ず慣れてしまう」「普通の状態になってしまう」ということです。

つまり、「最初は嬉しくても、やがて嬉しくなくなる」ということを言っているのです。

心理学でも同様の指摘がなされています。

たとえば、多くの人は「年末ジャンボ宝くじの1等」が当たったとしたら、人生最大の幸福で、その後の人生はバラ色だと思いがちです。

しかし、そのような「幸運」に巡《めぐ》り合った人に実際インタビューしてみると、必ずしもそうではないという調査結果が出ています。

たしかに、最初は非常に強い幸福感を感じますが、時間が経過するにつれ、その「幸福な状態」に心が慣れてしまい、はじめて大金を手にしたときのような感情が薄れていってしまうのだとか。

この状態を、心理学では「ヘドニック・トレッドミル現象」と呼びます。

「ついこの間まで嬉しくて幸福感を感じていたものでも、飽きてつまらなくなってしまう」ということです。

こうなると、もはや満足感は得られなくなります。

みなさんにも身に覚えがあるのではないでしょうか？

アルバイトで暮らしていた学生のころ、「月収が20万円もあったら、どんなに楽しい生活になるのだろう？」と考えたかもしれません。そして社会人になって、実際にその20万円が振り込まれた銀行口座を見て、最初は超リッチな気分になったのではないでしょうか？　私もそのひとりでした。

しかし、その「楽しい生活」は長続きしましたか？

おそらく続きません。

つぎは、「年収が500万円あったら……」と考えるようになります。そして、何年後かに実際に年収500万円になったとしても、すぐにその生活があたりまえになって、「ああ、年収が1000万円あったらなぁ」と考え始めます。

「かつて目指していた場所」でも、実際にそこにたどりついてしまうと、すぐに満足感は消えてしまうのです。

第2章で、わたしは「熱帯雨林の木々」の話をしました。「上に伸びていっても、結局得られる光の量は同じ」という話です。人間も一緒で、上に行ったつもりでも、心理的に「結局得られるものは変わらない」ということです。

「高給取りや出世」を目指し、仮に首尾《しゅび》よくそれらを得たとしても、そこから得られる満足感・幸福感はやがてなくなってしまうのです。

## 「もっと上」を目指した結果残るのは、「激務」

昇給や昇進によって満足感を得ても、やがてはそれはなくなってしまう。結局、もとの状態に戻るだけ……と思いきや、じつはそうではありません。

どういうことか？

満足感（売上）はなくなっても、一方の費用のほうは、決してなくなりはしないのです。

たとえば、年収を20%上げるのはかなり大変です。年収500万円の人が年収を600万円にするためには、おそらくそれまでの1・5~2倍程度の努力が必要でしょう。

長時間働いたり、嫌な仕事もしなければいけなかったり、プライベートを犠牲にして、やっとの思いで報《むく》われて20%昇給するのです。そして、その「激務」をその後もずっと続けなければ、給料が高い状態を維持することはできません。

ここでのポイントは、昇給から得られる満足感が「慣れ」によってなくなったあとも、労力だけはずっと残り続けるということです。

満足感には慣れてしまっても、日々苦しみを与えるこの苦労やストレスには、人はなかなか慣れることができません。

「年収1000万円を稼げるとしたら、なんでもしますか?」

年収300万円の人は、1000万円を稼げたらどんなに幸せかをイメージして、どんな苦痛にでも耐《た》えられるだろうと考えます。

ところが、実際に年収1000万円になり、しばらくすると、満足感は消えてなく

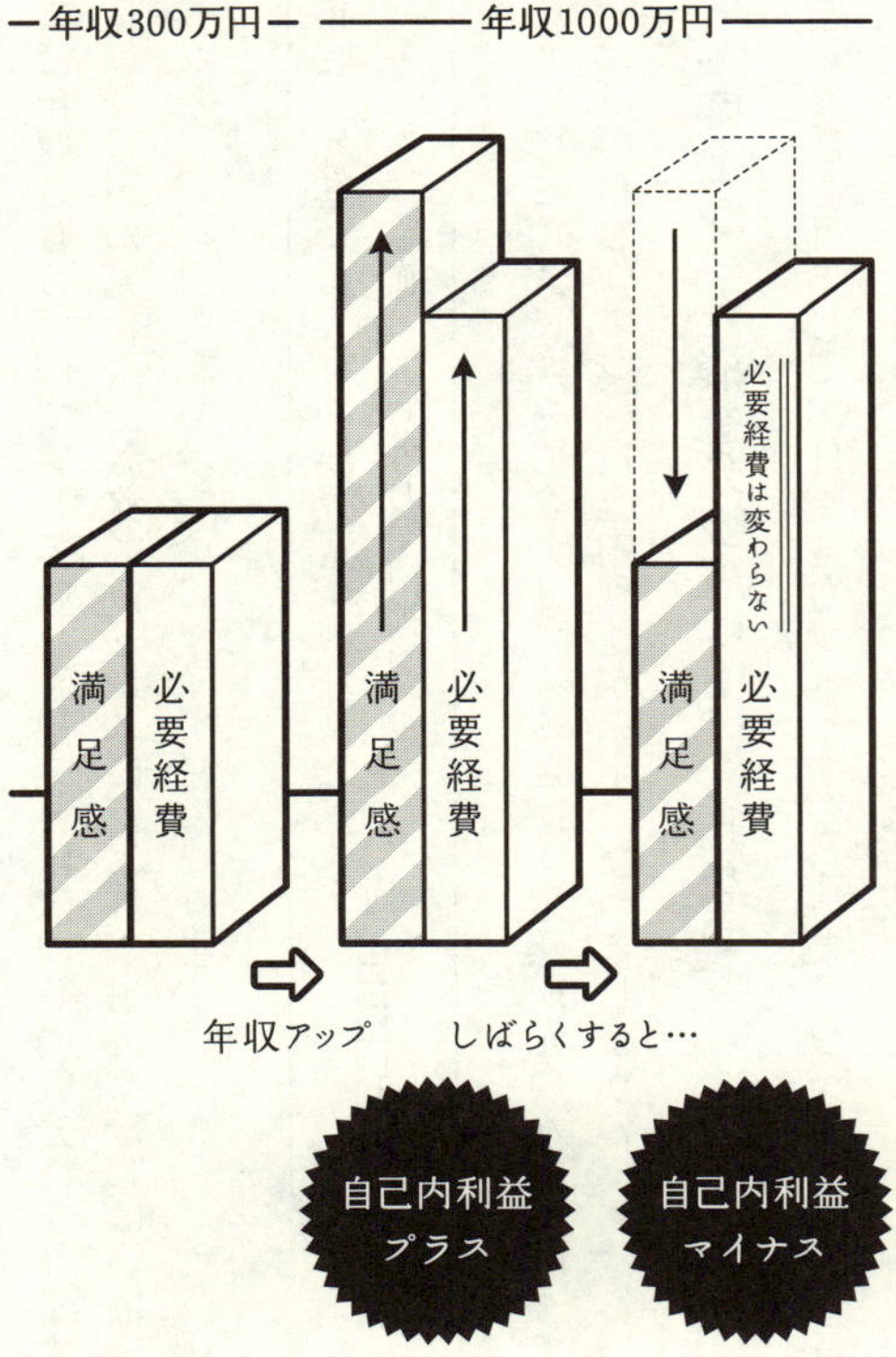


コグレ

**Point!**

**満足感はもと通りになって、**
**激務とストレスだけが残る!**

なります。そして自分のなかに残るのは「激務だけ」です。

人は「幸せに慣れる生き物」ですから、もはや年収1000万円の満足感はなく、それまで年収300万円で感じていた幸福感とほぼ同等の気分になります。一方、年収1000万円に見合った激務・ストレスには、日々耐えなければいけません。こうなると、自己内利益は完全にマイナスになります。

> 年収・昇進から得られる満足感 − 必要経費（肉体的・時間的労力や精神的苦痛） ＝ **自己内利益**

あらためてこの式に照らし合わせてみると、満足感が元の水準に戻っても、必要経費は元には戻らないので、自己内利益が赤字になってしまうのです。

**一度上がった損益分岐点は下げられない**

昇給・昇進を目指して、日々全力で走ってきた結果、やっとの思いで目標とする場までたどりついた。しかし、そこでの満足感はすぐに消えてしまい、その地位を維持するための激務だけが残る——。

だとしたら、もう一度、「かつていた場所」に戻ればいいのでは?

そう思うでしょう。

ところが、そう簡単にはいかないのです。

わかりやすい例として「外資系金融マン」の話をしましょう。

外資系金融マンの給料が高いことは有名です。他の企業に勤めている人がやる気をなくしてしまうくらい高給で、中には20代後半でプロ野球選手並みの給料をもらっている人もいます。

わたし自身、日本企業に比べて格段に高い給料は非常に魅力的に思え、新卒時の就職活動では、外資系の証券会社や銀行にも応募しました(すべての会社で落ちたので、富士フイルムに入社したわけですが)。

世間的には非常に華《はな》やかで、バリバリ仕事をしている「あこがれの対象」です。しかし、周囲が思っている以上に、彼らにも悩みがあるようです。

まず、日本企業では信じられないような「突然のリストラ」に遭《あ》います。その世界では有名な話ですが、「月曜日に上司に呼ばれて、そのまま退職させられた。私物は後日、郵送で送られてきた」「ある日、部門ごとなくなり、全員クビ」などといった話は、特に珍しいことではないようです。

要するに、常に成果を出していなければ解雇されてしまう世界なのです。

それだけではありません。わたしがより重要なことだと思っているのは、外資系金融マンが生活レベルを下げられない、ということです。

外資系の金融機関に勤める人は、オフィスの近くに住むのが常識です。つまり、東京の「山手線内」に住んでいるのです。六本木や青山に近く、住んでいるマンションも豪華で、専用のジムがあったり、コンシェルジュが常駐《じょうちゅう》していたりと、超高級物件に住んでいます。当然、家賃もべらぼうに高いのですが、相応の給料をもらっているので問題なく払えます。

華やかな生活を送っていて、とてもうらやましく思えますが、じつはこれが新たな問題を引き起こすのです。

社会人になって2~3年目のころ、外資系金融機関に勤めている友人が、「同期がどんどんリストラされて、自分も不安だ」と愚痴をこぼしていました。そこでわたしは「リストラされたら、別の会社に勤めれば？　すぐに雇ってもらえるでしょ？」と答えました。事実、その友人は非常に優秀で、転職は容易にできたはずです。

ところが、その友人は暗い顔のまま、こう言ったのです。

「もう、生活レベルを落とせない。いまより安い給料では働けないよ」

社会人になって間もないというのに、彼は年収1000万円以上をもらい、六本木に住んでいました。仕事が忙しくてあまり遊びに行く時間はないと言っていましたが、それでも家を出て数分歩けば、華やかな世界があったのです。

そんな生活に慣れていたため、日本企業に転職をして、月給20万円そこそこをもらい、郊外に住むという生活がイメージできなかったのでしょう。

一度上げてしまった損益分岐点を元の水準に引き下げることは、かなりむずかしいのです。

またその結果、「自分にはあとがない」と感じ、強烈なプレッシャーに悩んでいました。

彼のように、たとえ高所得を得ても、その幸福感にはいずれ慣れてしまいます。月給100万円をもらっていたとしても、嬉しいのは最初の1年くらいで、あとはそれが「あたりまえ」になってしまうのです。

同時に、社会一般の給料水準に戻ってしまうと、「減った」と強く感じます。

人は、同じ金額・同じものだとしても、「得ること、増えること」よりも「失うこと、減ること」のほうが、より強く感情が変化します。これは、行動経済学では「プロスペクト理論」と呼ばれる現象です。

たとえば、『行動経済学入門』（多田洋介著／日本経済新聞社）では、人は1万円を失ったときに感じる失望感を解消するには、2万円もらわなければならない、という実験結果が報告されています。

ということは、仮にお金を落として、その後に同じ金額をもらっても、感情的にはマイナスだということです。お財布の中身の金額は変わっていませんが、「失ったときのマイナス」のほうが「もらったときのプラス」よりも大きいのです。

## オール・オア・ナッシングで考えるのはやめよう

高い満足感を得ようと、より高い年収を目指し、より高い地位に就こうとします。ですがその過程で、費やさなければいけないもの、犠牲にしなければいけないものが増えていきます。「コスト」が増えるわけです。

その結果、「人生の損益分岐点」はどんどん逃げていきます。

さらに、企業の売上と違って、個人の「年収・昇進から得られる満足感」は、慣れとともにやがて下がってきます。高い年収を得て、高い地位に就いたとしても、そこから得られる満足感はどんどん下がっていくのです。

だからといって、元の年収や元の地位に戻ることも、心理的に強い抵抗感がありま す。

こうなると、ますます利益を確保することはむずかしくなるでしょう。

その結果、「いくらがんばっても、いくら稼いでも、結局生活は楽にならず、いつまで経っても苦しいまま」と感じてしまいます。

そういう人がつぎに考えることは、「ストレスなく生活するためには、どこか山奥か離島にでも移住するしかない」ということです。

いわゆる「ドロップアウト」ですね。

いまの生活をすべて捨てて、自給自足的な生活をしなければ「ストレスフリー」の人生は送れない、と感じてしまうのです。

もちろん、そういう生活もひとつの人生です。しかし、そうするためには、いままでの生活をすべて捨て去る覚悟がなければいけません。再び、いまの生活に戻ってきたいと思っても、かなり難易度は高くなります（少なくとも本人はそう感じるでしょう）。

となると、よほどの覚悟がなければ、この選択肢を選ぶことはできません。

「沖縄に住んで、のんびり生活ができたらいいな」と考えていても、「じゃあ、家族の生活は?」「仕事はあるの?」「子どもの学校は?」「本当に生きていけるのか?」と自問することになります。

結局、「やっぱり無理」という結論になって、しぶしぶいままで通りのストレスに満ちた仕事人生を継続していくしか手がありません。

ですが、本当にそれしか手がないのでしょうか?

このような「激務かドロップアウトか」「0か100か」というオール・オア・ナッシング思考ではなく、別の道があるのではないでしょうか?

ストレスフリーで生きる＝俗世間《ぞくせけん》から離れる、という発想をしていると、どうしてもハードルが高くなってしまいますが、現在のように社会のなかでちゃんと働きながら、「自己内利益」を高めていく方法を考えていくべきです。

何度もくり返すように、企業が利益を増やす方法は、「売上を増やす」か「費用を減らす」かのどちらかです。それと同じように、個人が「自己内利益」を増やす方法は、「満足感（売上）を増やす」か「必要経費（費用）を減らす」かのどちらかしかありません。

しかし、説明したように、この満足感と必要経費はたがいに関連しています。

「満足感」を増やそうとすれば、より一層多くの犠牲を払わなければいけません。必要経費が上がるのです。

一方、必要経費を下げるためには、「いまより働く時間を短くする」「難易度が低い仕事をする」などと考えがちです。しかし、そういった働き方では、同じ給料・同じ役職を維持することはむずかしいでしょう。

必要経費を下げようとすれば、満足感も減ってしまうのです。

……完全にジレンマに陥ってしまいます。

解決策はないのでしょうか？

じつは、あるのです。

そしてそれは、わたしが実践してきた「働き方」でもあります。

その方法を、続く第5章では解説していきたいと思います。

第5章

# 何をすれば「自己内利益」は増やせるのか？

## 満足感を変えずに、必要経費を下げる

どうすれば、「自己内利益」を増やすことができるようになるのか？

それには2つの方法があります。

①満足感を変えずに、必要経費を下げる方法
②必要経費を変えずに、満足感を上げる方法

前章では、売上を増やそうとすれば費用も増え、費用を減らそうとすれば売上も減ってしまうと言いましたが、じつは「抜け道」があります。

それをこの章では説明していきたいと思います。


まず①の「満足感を変えずに、必要経費を下げる」とは、どういうことでしょうか。普通に考えれば、必要経費を下げてしまえば満足感も下がってしまうはずです。

そんなことが可能なのでしょうか？

いままでの復習も兼《か》ねて、労働者の置かれている状況を再確認してみましょう。

まず大前提として、給料をもらうためには仕事をする必要があります。仕事をするということは、なんらかの労力を費やすということです。

そして、明日も働き続けるためには、その費やした体力などを回復させなければなりません。回復させるために必要なのが「必要経費」です。

この必要経費の積み重ねが「労働力の価値」であり、会社から支払われる給料の基準になっています。くり返し説明してきたことですが、わたしたちの給料はこの必要経費分のみなのです。

ただし、注意したいのは、給料の基準になっている必要経費は「世間相場」だということです。個人個人が実際に必要としている必要経費ではなく、世間相場を元に一律的に定められています。

第1章でわたしは「会社から一律で支払われる通勤交通費」の話をしました。定期券代が一律で月額3万円と決められている会社では、実際には2万円しかかかっていなくても、3万円が支給されます。必要経費もそれと同じ話です。

ここは重要なところなので、よく聞いてください。

もし自分だけが世間相場よりも必要経費を下げることができれば、その分、「自己内利益」を増やすことができるのです。

## 精神的苦痛を感じない仕事を選ぶ

「必要経費」とは、いまの収入を得るため、いまの役職を維持するために必要なものです。具体的には、「肉体的・時間的労力」であり「精神的苦痛」です。

そして、売上（年収・昇進から得られる満足感）を変えずにこの費用（必要経費）を下げることができれば、差額で「自己内利益」は増えていきます。

給料を稼ぐために、また役職を維持するために必要な「肉体的疲労」は、仕事の内容によって、ほとんど決まってしまいます。ガテン系の肉体労働や立ちっぱなしの仕事であれば、肉体的労力はかなり大きいでしょう。

一方で、デスクワークの仕事では、それほど身体が疲れるということはありません。

いずれにしても、その仕事で消耗される肉体的エネルギーには、さほど個人差はありません。そのため、世間相場よりも労力を少なくしようとしても、なかなかできません。

唯一可能なのは「サボる」ことでしょう。

また、業務を効率化することで「時間的労力」を少なくすることができる、と考える人は多いでしょう。しかしそれは「誤解」です。

企業は「みなさんを一日働かせる権利」を買い取っています。そのため、業務を効率化して短時間で仕事ができるようになっても、「最近、あいつは余裕がありそうだ」と言われ、空いた時間に別の業務が加わるだけです。

結局、時間的労力を減らすこともむずかしいのです。

より重要なのは「精神的苦痛」のほうです。

というのは、これは人によって大きく差があり、自分の考え方や態度、仕事の選び方次第では、世間相場よりも大幅に小さくすることが可能だからです。

給料（労働力の価値）の決まり方を再度思い出してください。

労働力の価値は、「明日も同じ仕事をするために必要な経費」でした。これには、食事や睡眠など、体力を回復させるための経費に加えて、精神的疲労を回復させるための経費も考慮されています。

精神的に強いプレッシャーを受ける仕事や、常に集中力を必要とする仕事は、またつぎの日も同じように働けるよう、「精神的エネルギー」を補充しなければいけません。

簡単に言うと「気晴らし」が必要だったりします。

その気晴らしに必要な経費も、労働力の価値として加算されているのです。

たとえば、「営業手当」がつく会社には、そのような考えがあります。

営業は顧客から文句を言われたり、会社からノルマを課されたりして、精神的に大変です。だからその分、他の職種よりも「気晴らし」が必要だろう、その分を「経費」として給料に上乗せしてあげよう、という理屈なのです。

ある出版社の編集者には「編集手当」があるという話も聞きました。

編集者は昼夜《ちゅうや》・土日を問わず、いつでも仕事モードでいなければならないため、管理部門の仕事よりも精神的苦痛が大きいだろうということで、その回復分の経費を手当として給料に上乗せしてくれるというわけです。

ここでよく考えるべきことがあります。

もし自分が、社会一般で思われているよりも精神的に疲れないとしたら、どうでしょう？

経費は「平均」ですから、自分だけ精神的苦痛を下げることができれば、自己内利益を増やすことができます。

「営業職」は、世間一般的に「つらい仕事」というイメージがありますが、一方で営業が大好きな人もいます。お客さんと話をすること、また、断られることになんの苦痛も感じず、かえってそれが楽しいと感じる人もいるのです。

そんな人は、一日の仕事を終えても、特に精神的に疲れてはいません。ですから、精神的疲労を回復させるために気晴らしをする必要もないのです。

ですが、この人も「営業手当」をもらえるのです。

なぜなら、くり返すように給料は、「その人の個別事情」ではなく、「世間一般」を基準にしているからです。

さきほどの「一律で支払われる定期代」と同じことです。

もちろん、この人も毎日バラ色の気分で仕事を行っているわけではなく、落ち込むことや精神的に追い込まれることもあるでしょう。しかし、世間一般と比べると、圧倒的にそういうことは少ないのです。

これは、「より少ない経費で回復することができる」というイメージです。

となると、営業手当に「余り」が出てきます。2万円しかかかっていないのに、定期代を一律で3万円もらったようなものです（この場合、1万円の「余り」が出ます）。余ったとしても、会社に返上する必要はありません。すべて自分のものになります。

そしてその分だけ、他の人よりも「自己内利益」が増えるのです。

要するに何が言いたいのかというと、「世間相場よりもストレスを感じない仕事」を選ぶことができれば、必要経費を下げることができ、その結果、自己内利益を増やすことができるということです。

**「働き方」のポイント①**

## 世間相場よりもストレスを感じない仕事を選ぶ

### 「自己内利益」を永続的に増やせる仕事

ビジネスにおいて「必要経費を下げる」とは、商品を社会一般の相場よりも低いコストで作れるようになる、ということです。

ここでは、「自分（自社）だけ」というのがポイントです。

なぜなら、もし社会一般の相場も同じように下がってしまえば、労働力の価値自体が下がり、給料も下がってしまうからです。

ところが、なかなか「自分だけ」とはいきません。

現代では、あらゆる情報が、テレビやインターネットなどですぐに知れ渡ってしまいます。とすると、自分だけ「奥義《おうぎ》」を知っていたとしても、すぐにそのやり方は普及してしまい、「他人より効率的な手法」が使えなくなってしまうのです。

「うまいやり方」「特別なノウハウ」を編み出しても、すぐにまわりにも広まってしまい、「普通のやり方」になってしまいます。

一瞬だけ「頭ひとつ」抜けても、やがてはまわりに追いつかれてしまう熱帯雨林の木々と同じことです。

要するに、「必要経費を下げるうまいやり方」を知っているだけでは、問題の解決にはならないのです。

では、どうすればいいのか？

結論から言うと、ここでも「精神的苦痛」がポイントになります。

うまいやり方を知っていて、自分だけが肉体的・時間的に効率良く仕事をこなせたとしても、やがてその方法は世間一般に広まり「あたりまえ」になります。

それでは、世間相場との「差」がなくなってしまいます。

ですが、自分が感じる精神的苦痛が少ないということ、つまり、その仕事から感じるストレスが少ないということは、世間一般に普及するようなものではありません。

それは「心の問題」だからです。

だから、この「優位性」は長く続きます。

永続的に自己内利益を増やすことができるのです。

肉体的疲労を感じない仕事は、ほぼありません。動けばエネルギーを使うし、立っているだけ、座っているだけでも体力は減っていきます。

ところが一方で、精神的苦痛を感じない仕事はあります。ストレスを感じなければ、精神力を回復させる必要もなく、気晴らしをする必要もありません。

そしてその分、「必要経費」が下がるのです。

たとえば、「給料が安くてもやりたい！」「無償奉仕《むしょうほうし》でもやりたい！」と思えるような自分にとって意義のある仕事をしている人をイメージしてください。

本人は、お金をもらわなくてもやりたいと思っています。

でも、社会一般的に相場として認められる経費があり、その分は「一律で」もらえるのです。

その結果、他の人との差額を自分だけの自己内利益にすることができます。

これが、①の「満足感を変えずに、必要経費を下げる方法」なのです。

## 「得意な仕事を選べ」という意味ではない

少し、補足しておきたいことがあります。

「ストレスを感じない仕事を選べ」というのは、「得意な仕事や効率的にできる仕事を選べ」という意味ではありません。

得意で効率的に仕事をこなすことができれば、それだけ成果は出せるでしょう。ただそれでは、自己内利益は増えないのです。

たとえば、あなたが人よりも2倍効率的にできる仕事があったとします。

他の人の2倍のスピードで、同じ商品を作れるのです。

しかし、企業に勤めているかぎり、2倍の速度で成果を出せたとしても、労働時間を半分にしてもらえるわけではありません。企業は労働者を一日働かせる権利を買い取っているわけですから、仕事が早く終われば、新たな追加の仕事が降ってくるだけです。

さきほど説明した通りです。

企業は「いい人材を採用した」と思うでしょう。そんな「仕事ができるあなた」をずっと雇いたいと感じるでしょう。

結果として、あなたは食いっぱぐれることなく、ずっと雇ってもらえます。しかし、それであなたの必要経費が下がるわけではないのです。

たしかに、苦手な仕事、効率的にできない仕事を選んでしまうと、あまり成果が上げられませんよね。つまりそれは「労働力の使用価値が低くなる」という意味です。「雇われること」が目的のときは、得意な仕事を見つけ、企業に対して「労働力の使用価値」を発揮、アピールすることが必要でしょう。

ですが、それで自己内利益が増えるわけではないので、ラットレースからは抜け出せません。「自分はこれが得意！」で仕事を選べば、「優秀な人材」になれます。しかしそれで、自分が幸せになれるわけではないのです。

## 「〝好き〟を仕事にしよう！」という意味でもない

もうひとつ、補足しておきたいことがあります。

「ストレスを感じない仕事を選べ」と言うと、「やっぱり嫌なことはやらないほうがいいな」「〝好き〟を仕事にしよう!」という発想になりがちですが、それはあまりにも短絡的でしょう。

というのは、いくら好きだといっても、「嫌なこと」がまったくない仕事などありえないからです。

遊んでいるのと同じような感覚でお金を稼げる人は、世の中にほとんどいません。つらかったり、面倒だったり、「嫌だな」と思うことがあって当然です。

それが、仕事なのです。

「仕事を楽しもう」「楽しい仕事をしよう」というセリフに賛同する人は多いと思います。わたしも、そう思いたいです。ですが、わたし自身、最近まで「仕事を楽しむ」という言葉の意味がまったく腑《ふ》に落ちませんでした。

わたしはこれまで、富士フイルム、サイバーエージェント、リクルートの3社を経験しました。仕事には一生懸命打ち込みましたし、連日職場の不満を言っている「愚痴り屋」に、「そんなに仕事が嫌だったら、転職すれば?」と言ったこともあります。

ですが、「仕事を楽しもう」というセリフには、どうも納得できなかったのです。

なぜなら、仕事は仕事であって、遊びではないからです。ゲームやデートをしているときの感覚が「楽しい」であって、仕事をしているときに同じような感覚になることは決してありませんでした。

そして、本来「楽しいこと」ではない仕事を「楽しめ！」と言われても、それは強がりにすぎず、意味がないのでは？　と感じていました。

ところが、最近になってそうではないことに気がつきました。

「楽しむ」というのは言葉のあやであって、本来は「興味を持つ」という意味だったのです。

「楽しい仕事」というのは、「興味を持てる仕事」のことです。

そして、「仕事を楽しもう」というのは、「仕事に興味を持とう」ということです。

そう考えると、すべてしっくりきます。

楽しそうに仕事をしている人は、仕事をゲームのように楽しんでいるというより、仕事に興味を持っています。

「このクライアントは、どういう課題を持っているのだろう？」

「他社の商品は、なぜあれほど売れているのだろう？　どこが評価されているのだろう？」

「クレーマーにはどう対応すれば、スムーズに解決できるのだろう？」

扱う商品が変わっても、同じように興味を持って仕事をしています。

一方、「仕事がつまらない」と言っている人は、仕事に興味を持っていません。まったく同じ仕事をしているのに、

「クライアントの課題なんて、知らないよ。注文されたものを納品すればいいんでしょ」

「他社の商品なんてどうでもいい。担当している商品が問題なく売れて、怒られなければそれでいい」

「クレーマーとは一切かかわりたくない！」

この意識の差が、その仕事を「面白い仕事」にするか「つまらない仕事」にするかの差になるのです。


どんな仕事でも、大変なこと、苦しいこと、嫌なことがあります。他人からお金をもらって働く以上、ネガティブな要素がひとつもない仕事はありえません。

「楽しい仕事をしなさい」と言うと、嫌なことがひとつでもある仕事は「楽しくない」ので、「そういう仕事はやめていい」と考えてしまいがちです。

しかし、当然ながらそうではありません。

もちろん、お金を払ってでも携《たずさ》わりたい仕事というのもあるでしょう。たとえば、大好きな芸能人に一日密着して取材をする仕事などは、多くの人にとって「楽しい仕事」だと思います。

でも、そんな仕事に就ける可能性はほぼゼロです。

どんな仕事も、それ自体は楽しくもつまらなくもありません。ただのお金を稼ぐ手段にすぎません。しかし、それを楽しいと感じるか、つまらないと感じるかは、みなさんの意識や気持ちによります。

「楽しい仕事」の意味を勘違いしてしまうと、いつまで経っても、その「楽しい仕事」に就くことはできないでしょう。

「世間相場よりストレスを感じない仕事」を選べるかどうかは、あなたの気持ち次第でもあるのです。

## 「必要経費を変えずに、満足感を上げる」とは？

つぎに、②の「必要経費を変えずに、満足感を上げる方法」について、考えていきたいと思います。

「満足感を上げる」とは、前の章で説明したように、昇給・昇進することです。必要経費（肉体的・時間的労力や精神的苦痛）を変えずに、どうすれば給料を上げたり、出世することができるのでしょうか？

みなさんは、昇給・昇進をするためには、人一倍働かなければいけない。少なくとも「規定」のスピード以上で昇給・昇進するためには、いままで以上に働かなければいけない、と感じていませんか？

たとえば、いまの2倍の給料を稼ぐためには、いまの2倍働かないといけないと思っているのではないでしょうか？

たしかに、「労働力の使用価値」だけで仕事をすると、そうなります。

前に説明した「毎日全力でジャンプする」イメージですね。2倍稼ぐには、2倍のジャンプが必要になります。

そして、もし2倍働いて2倍の給料を稼ぐことができたとしても、そのつぎの年も同じだけジャンプしなければ（同じ労力を費やさなければ）、給料を維持することはできません。

これは、いつもゼロからがんばって稼ぐ働き方です。

しかし、「ゼロからがんばって稼ぐ」のではなく、「労働力の価値を使って稼ぐ」ことを意識すると、「労力（必要経費）を変えずに、年収（満足感）を上げる」という言葉の意味がわかってきます。

個人の給料の金額は、労働力の価値がベースになって決まっています。ということは、労働力の価値が上がれば、給料が上がるのです。

そして、第1章で説明したように、労働力の価値には知識や経験、スキルなど、自分が「積み上げてきたもの」も反映されます。それらが、給料の「土台」になるのです。

深い知識、幅広い経験、高度なスキルは、身につけるのに大変な労力と時間を要します。そのため、仮に他の人（素人《しろうと》）に同じ仕事をやらせようとした場合、企業は学習やトレーニングをさせ、その費用を負担しなければいけません。

これは「労働力の再生産コスト」が高いということです。

労働力の再生産コストが高くなるように知識やスキルを身につけると、「労働力の価値」は高まります。

それが「土台」です。

その土台に乗れば、その分だけすでに給料が上がっているので、毎日ゼロからがんばらなくても、高い給料を得ることができます。

2倍の場所に手が届くには、2倍のジャンプが必要

⇩ 土台があると……

同じジャンプで2倍の場所に手が届く

コグレ

Point!

**2倍稼ぐには、**
**2倍高くジャンプするか、**
**土台の上に乗るか**

2倍ジャンプせずとも、まったく同じ労力で、高い目標に手が届くのです。同時に、土台に乗っていれば、それだけ高い給料を維持することも簡単になります。

土台がなければ、高いところまでそのつどジャンプをくり返さなければいけません。しかし、土台があれば、手をちょっと伸ばせば届く距離にあるのです。

どちらが楽か、またどちらがその「高さ」を維持できるか、説明するまでもないでしょう。

## 「編集力」で、これまで築いてきた「土台」を活用

いくら売上が多くても、赤字になってしまったら意味がないのと一緒で、いくら年収が多くても、それ以上にしんどい思いをして働くのは意味がありません。

わたしたちが考えるべきことは、「利益」を確保することです。

そしてお伝えしてきたように、年収が上がることに対しての幸福感はすぐに消えてなくなります。いくら年収を増やしても、結局は変わらない。

これからの時代、わたしたちはコストを下げる働き方を取り入れなければいけません。要は精神的なコストをできるだけ抑える働き方をしなければいけないわけです。

それは自分がこれまで築いてきた「土台」を活用して仕事をするということです。「働き方を変える」とは、これまでとはまったく別の能力を身につけて別の仕事に就くということではありません。何か新しく資格を取る必要はないし、新しい業界に飛び込んで新入社員と机を並べて仕事をするということでもないのです。これまで自分が経験し、蓄えた知識とノウハウを他で活用するのです。

できること、得意なことであれば、それほど時間もかからずにこなせますし、精神的なストレスも少なくて済みます。

ただ、多くの日本人は、「自分には何もない」「いまの仕事以外、何もできない」と口にします。しかし本当にそうでしょうか？

「その仕事、その会社、その職場でしか使えない能力」というものはありません。どんな能力でも、何かに使えます。ポイントは、自分がこれまで築いてきた資産の活用方法を知ることです。

わたしたちがこれから身につけなければいけないのは、技術や知識ではありません。それはもう十分持っています。新しく取り入れるべきは、「編集力」です。

編集力とは、原稿を直したり、文章を整える力ではありません。自分が持っているものを「相手が欲しいもの」に変える力です。わたしたちはたくさん「素材」を持っています。それをいかにその場に応じて相手が欲しいものに変えていけるか。それが問われる時代です。

たとえば、自分が、じゃがいも、にんじん、たまねぎ、を持っているとしましょう。これをこのまま炭火で焼いて提供することもできますね。

しかしこれからは、その素材を加工して提供していきます。その素材を使って何を作りますか？

目の前に子どもがいたら？　おそらくカレーを作るでしょう。

お年寄りに出すとしたら？　煮物にするかもしれません。

これが「編集力」です。

営業をしてきた人は、「営業力」という素材を持っています。その素材を営業以外に使うことを考えます。営業をしてきた人は、その営業のノウハウを企業研修や、コンサルティングで教える仕事ができます。
また、営業経験者は、たとえば人と話すことに慣れています。初対面の人と打ち解ける方法を身体が覚えていますね。ですが一方で、人と会話ができずに困っている人がいます（ネット上での会話はできてもリアルで会うとまったくコミュニケーションが取れない人もいます）。であれば、企業研修で「コミュニケーション」を教える仕事ができます。個別にコンサルティングをすることもできますね。

経理をしてきた人は、経理の知識だけでなく、ものごとを細かく正確に処理する力が身についているかもしれません。その正確な仕事能力でサポートしてもらいたいと思っている企業の社長は多いはずです（社長はどちらかというと、勢いで突き進んでいくタイプの人が多いですから）。

ここにあげたのは「たとえば」です。自分が培ってきた能力は、必ず「別の場」でも使えます。別の場で活かそうと考えることが第一歩です。

もし、まったくイメージが浮かばない人は、インターネット上の仕事募集サイトを見てヒントを得ることもできます（転職サイトではありません。クラウドワークスやランサーズ、ビザスクなど、個々の仕事案件が募集されているサイトです）。そこには、世の中で求められている業務、能力が一覧で表示されています。

自分では「こんな能力、誰からも必要とされない」と思っていても、それが勘違いであることがわかります。

**「働き方」のポイント②**

## まず「積み上げ」によって土台を作り、その土台の上でジャンプする

### 毎回全力ジャンプより高いところに手が届く土台を作る

「知識やスキルを身につけるのにも、大きな労力がかかるじゃないか！」

「だったら、毎回ジャンプして給料を上げようとしているのと同じなのでは？」

そういった疑問を感じるかもしれませんが、大きな違いがあります。

労働力の価値を上げずに、残業をしたり、営業ノルマを達成しようとがんばるのは、「あとに残らない努力」です。

残業をすれば、たしかにその日の残業代はもらえます。そして、給料はその分上がります。しかし、翌日も残業をしなければ、翌日は残業代をもらえません。

今月の営業ノルマを達成すれば、今月はインセンティブをもらえるので、給料は増えます。しかし、翌月はまたゼロから努力をする必要があります。

要するに、やはり毎回高いところをめがけて全力でジャンプをしなければならないわけです。

それに対して、労働力の価値を上げる努力は、積み上げることができます。

今日行った努力が、明日、１年後、５年後にも響いてくるのです。

「高いところをめがけて全力でジャンプする」のに対して、こちらは「高いところに手が届くように、日々土台を作る」というイメージになります。

たとえば、企業の社外取締役や顧問《こもん》、アドバイザーは、「過去からの積み上げ」を使って行っている仕事です。

これらは「パートタイム」の仕事です。一日中その企業にいてデスクワークをするわけではなく、定例の会議に参加したり、何かあったときに招集される類《たぐい》の仕事です。

しかし、ほとんどのケースでは、その企業の新入社員はおろか、中堅社員よりも高い給料が支払われています。

なぜか？

それは、「過去からの積み上げ（土台）」に対してお金が支払われているからです。

積み上げが「労働力の価値」を引き上げているので、毎日せっせと働かなくても、高い給料が支払われるのです。

裏を返すと、それまで土台を築いてきたので、そのような働き方ができるわけです。

誰も無駄な努力はしたくありませんよね。

また、「その場でしか通用しない努力」よりも「数年間にわたって意味がある努力」をしたいとも思っています。

しかしほとんどの人は、労働力の価値を上げるような努力ではなく、今日の残業代や今月のインセンティブを目標にして、日々がんばっています。

なぜでしょうか？

高い土台があれば、少し手を
伸ばすだけで高いところに手が届く

コグレ
**Point!**

**土台があれば、毎日**
**ゼロからがんばらなくても**
**高い給料を得られる!**

それは、労働力の価値を身につけるには、それなりの時間と地道な努力が必要だからです。さらに、労働力の価値を「高く」認めてもらうためには、より長い習得時間が必要になります。

それに対して、今日の残業代や今月のインセンティブは、今日一日か今月いっぱいがんばればカンタンに手に入ります。

成果が見えやすいし、すぐに手に入るのです。

近視眼的《きんしがん》に即時性を求めてしまうと、「労働力の価値」を積み上げることを軽視しがちになり、その結果、いつまで経っても「土台」はできません。

その道の巨匠《きょしょう》のもとで下積みを経験すれば、それが将来役に立つことは、多くの方が理解しています。しかし一方で、進んで「下積み」をしようとする人は限りなく少ないでしょう。「成果」が見えづらい労働は、それだけで避けられてしまうのです。

## 労働力を「消費」せずに「投資」する

「労働力の価値」を積み上げていけば、やがて土台ができ、給料の基準金額を引き上げることができます。

ここでその方法をご説明しましょう。つまり、「具体的にどうすれば、労働力の価値を積み上げることができるか？」ということです。

労働力の価値を積み上げるには、「自分の労働力を消費せずに投資する」という考え方が必要です。

今日の仕事が今日で終わってしまい、何も積み上げを生まない場合、それは労働力を「消費」していることになります。たとえば、ある場所に一日立っていたら1万円もらえる仕事があったとしましょう。ただ突っ立っているだけで、1万円もらえるわけです。

とても楽ですよね。たしかに立ち続けるのは少し体力的にしんどいですが、それでも何もせず、何も考えずにお金をもらえるのは「いい仕事」です。

ところが、「今日一日立っていたこと」は、みなさんの将来を考えたときに、何か「積み上げ」になっているでしょうか？

答えは「NO」です。

なんの積み上げにもならない、将来なんの役にも立たない、ムダな仕事です。強《し》いて言えば、「一日立っている自信がつく」くらいでしょうか。

これが、「労働力を消費する」ということです。

一方、「労働力を投資する」というのは、今日の仕事が積み上げになり、「将来の土台を形作る」という意味です。

たとえば、社長のカバン持ちとして、一日中、重要顧客先をまわり、打ち合わせの議事録をとる仕事を日給2000円で命じられたとします。

丸一日働いて2000円なので、時給に換算すると、とても割に合わない仕事かもしれません。

しかし、社長と重要顧客との打ち合わせに同席し、高レベルのビジネスの現場を目撃できることは、必ず将来の糧《かて》になります。その一日で得た経験が、将来への積み上げになるのです。

これが「労働力を投資する」ということです。

これは、お金を投資するのと同じことです。

高級レストランで1万円の食事をすれば、その場はとても満足できるでしょう。「幸福」を味わえるかもしれません。しかし、その幸福は1年後に残っているでしょうか? おそらく残っていません。お腹も毎日減ってしまいます。

一方で、その1万円を企業の株に投資します。投資したその日は、まったく満足感を得られないでしょう。もちろん「おいしい」とは感じませんし、高級レストランでの「いい気分」を味わうこともできません。

しかし将来、その企業が成長すれば、投資した1万円が1・5万円、2万円……と増えていきます。

それが投資です。

## 将来の土台作りのためには「無駄」も覚悟で

ただ怖いのは、投資したお金は無駄になってしまうことがあるということです。「これだ！」と見込んだ企業の業績が悪化し、株価が下がれば、1万円は5000円、3000円……と減っていきます。

そうなると、「ああ、あのとき、1万円で高級レストランに行っておけばよかったな」と感じてしまうでしょう。

そういったことを恐れて「投資」をやめてしまう人がいます。

しかし、そうなると、お金を稼ぐためには、常に自分が動かなければいけなくなります。お金に働いてもらうことはできず、お金のために常に自分が働かなければいけないわけです。

労働力を投資するときも、まったく一緒です。

将来のためにと思って行動しても、まったく役に立たず、その日の労働が無駄になってしまうことも多いでしょう。そのとき、「やっぱりあのとき、もっと日給が高い仕事を選んでおけばよかった」と後悔するかもしれません。

でも、それで「労働力の投資」をやめてしまえば、いつまで経っても土台はできません。永遠に全力でジャンプし続ける働き方になってしまうのです。

さらに重要なことは、「ジャンプできる高さ」には限界があるということです。全力でジャンプをすれば、一瞬、高いところに手が届きます。しかし、自分が立っている場所が変わらなければ、毎回同じところまでしか手は届きません。それ以上「上」を目指すことはできないのです。

**「働き方」のポイント③**

労働力を「消費」するのではなく「投資」する

## 目先のキャッシュにまどわされるな！

自分の労働力を投資し、土台を作るために考えるべきことは、「目先のキャッシュ」を追い求めないことです。残業代、インセンティブなど、目の前に見える「ご褒《ほう》美《び》」につられてしまうと、どうしても長期的な視点がないがしろになってしまいます。

自分の労働力を投資できる仕事とは、その経験が「将来の土台を作る仕事」です。一方で、目先のキャッシュを追い求める仕事とは、時給は高いが「将来に何も残らない仕事」です。

もちろん、将来に役立つもので、かつ高いお金をもらえる仕事がベストですが、そんな仕事は数少ないですし、あったとしても応募者が多数で、自分の思惑《おもわく》通りに就職できるわけではありません。

そのため、「時給は低いが、将来の土台を作れる仕事」と「時給は高いが、将来に何も残らない仕事」のどちらかで考えてみます。

自分が仕事を選んできた基準をふり返ってみてください。

あなたはいったい、どちらを選びますか？

わたしは、学生時代のアルバイトを仕事の内容よりも時給で選んでいました。

レンタルビデオ店の店員　（時給1000円）
ベンチャー企業での社員の仕事サポート　（時給780円）

この2つは、学生時代のわたしが実際に目にした求人案件です。そしてわたしは、ベンチャー企業での仕事よりも「時給1000円」に飛びつきました。

いまから考えてみれば、時給は安くても、ベンチャー企業で社員のお手伝いをしたほうが、いろいろと学ぶことがあって、よほど良かったと思います。

でも当時は、そういう視点や発想がまるでなかったのです。

もちろん、時給がまったく同じであれば、誰もが「土台も作れる仕事」を選ぶでしょう。しかし、「目先のキャッシュ」を意識していると、少しでもキャッシュを多くもらえる仕事に目が行ってしまいます。

| | キャッシュ | 土台作り |
|---|---|---|
| A | 4 | 5 |
| B | 6 | 1 |

このようなAとBの2つの仕事があった場合、目先のキャッシュにつられてBの仕事を選んでしまいます。しかし、土台作りも含めて考えれば、Aの仕事のほうがリターンが多くなります。Aを選ぶべきなのです。

たしかに、給料が増えれば嬉しいでしょう。しかし、給料自体から得られる満足感はすぐに消えてなくなってしまいます。

目先のキャッシュを追い求めた結果、多少給料が増えて「贅沢」ができるかもしれません。いままでの「普通の食事」から「贅沢な食事」ができるようにもなるでしょう。ですが、贅沢をして嬉しいのは最初だけです。やがてその贅沢にも慣れてしまい、「贅沢な食事」を「普通の食事」と感じるようになります。

つまり、給料が増える前と同じになるのです。

そして、より重要なこととして、目先のキャッシュに目を奪われて土台を作ることを怠《おこた》れば、労働力の価値は一向に上がらず、高いところまで毎回全力でジャンプしつづけなければいけなくなります。

みなさんに声を大にして言いたいのは、

「長期的な資産を作る仕事に目を向けるべきだ」

ということです。そうすることで、給料の土台を作ることができます。その結果、日々の労力を増やさなくても、給料を引き上げることができます。

つまり、「必要経費を変えずに、満足感を上げる」ことができるのです。

これが、自己内利益を高める2つ目の方法になります。

たしかに、「土台」を作ることに専念するより、とりあえずジャンプしたほうが、「その日」は高いところに手が届きます。そしてそのほうが「がんばっている」ようにも見えます。また、短期的な成果が出づらい分、土台作りに対して「効率が悪い、上を目指していない」という印象を持つ人もいます。

その結果、多くの人が土台作りをせずに、リタイアするまで全力でジャンプし続けています。これではいつまで経っても「必要経費」が下がらず、自己内利益は増えていきません。

土台を作る。これが絶対不可欠なのです。

「働き方」のポイント④

# 長期的な資産を作る仕事を選ぶ

## 「自己内利益」で会社や仕事を選ぶ

仕事を選ぶ際に、業界・企業研究をする人は多いかもしれません。

その際に分析するのは、その業界・企業が将来伸びていきそうか？　という点です。

また、「給料はいくらか？」「福利厚生は充実しているか？」といった条件面や、「その会社の雰囲気はどうか？」などといったポイントを重視する人もいます。

一方で、自分がその業界・会社で働いたときに、「どれくらい自己内利益を確保できるか？」ということを考える人はほとんどいません。

企業の決算で考えるならば、「売上」だけを気にして、最終的な「利益」を考えずにビジネスをしているようなものです。

それでは、「赤字」になっても仕方ありません。

対前年比をクリアすることばかりに注力して、売上は前年を上回ったが、そのためにコストをかけすぎて赤字になってしまった……そんな適当なビジネスがまかり通っています。

これだけの給料を稼ぐために、いくら「必要経費」がかかるのか？

その結果、「自己内利益」はプラスになるのか？　マイナスになるのか？

そういったことを考えて、仕事は選ばなければいけないのです。

## 天職など見つからない。あとで「天職だった」と気づくだけ

いまの仕事は自分の天職ではない。天職を見つけたい。

そういうセリフもあります。ですが現実には、天職を見つけることなどできません。自分が居心地がいい職場に偶然出合うことはあります。ですがそれは「天職」とは違いますね。

多くの人が、自分にベストマッチな仕事がどこかにあり、それを見つけたいと願っ

ています。しかしそれは「幸せの青い鳥」状態です。
天職は、どこかに「ある」ものではありません。そして、見つけられるものでもありません。

考えてみてください。自分から見て天職についている人がいますね。しかしその人が、その仕事に就いたその瞬間に「これが自分の天職だ！」と感じたと思いますか？
そんなことはありません。

自分の天職とは、

・他人よりもストレスなく
・他人よりも成果を上げられ
・他人から評価される仕事

のことです。

こんなことは、やってみなければわかりませんね。

かつて、ライフネット生命保険の出口治明《でぐちはるあき》会長（当時）との対談の場をいただきました。その控え室で出口さんからうかがった歴史観が、いまでも頭の中に鮮明に残っています。わたしが出口さんから教えていただいたのは、

「歴史は、たまたまの連続」

という見方でした。

チンギス・ハンがモンゴル帝国を西に拡大したとき、最初から「完成地図」を描いていたわけではありません。西に向かったのは、

「たまたま、いま西が弱そうという情報が入った」

「たまたま、西に攻め入ったら突破口が開けた。だからそのまま西に向かい続けた」

もしくは、

「もう東や南は攻める国がなくなったから、西に向かった」

ではないでしょうか？

宿命だったから行動したのではなく、行動してうまくいったから続けた、そしてその結果、大帝国になった。これが歴史だと思うのです。

もちろん、目論見はあったでしょう。しかし、それは投資と一緒です。「やってみよう」「ここで勝負に出てみよう（負けるかもしれないけど）」という判断の連続で、歴史は動いてきたはずです。

スティーブ・ジョブズが、「connecting the dots」という考え方を示しています。これは彼が２００５年６月12日にスタンフォード大学で行った有名な演説の一部です。

you can't connect the dots looking forward; you can only connect them looking backward. So you have to trust that the dots will somehow connect in your future.

計算して、点と点をつなげるように生きることはできない。僕らができるのは、ふり返ってみたときに、僕らが残してきた点が別の点の「土台」になっていたのに気づくことだけだ。だから僕らはいまは信じることしかできない。いつか、何らかの形で、いまこの瞬間が将来につながることを。（筆者訳）

何歳になっても、将来を見通すことなんてできないと思うのです。ジョブズですらそうだったでしょう。

「先が見えない」のは、誰しも同じです。「何をやっていいかわからない」のも同じです。違うのは、将来につながることを見つけようとしているか、見えないけど信じて自分の時間と労力を投資しているか、です。

アルフレッド・ノーベルが「たまたま」、ダイナマイトを発明したように、時間と労力を投資した結果、たまたま生まれたものがたくさんあるはずです。それが「ある」ことを知って、投資した人が望む成果を手に入れるのです。

# 第6章

# 経験を生かすには、どういう「働き方」を選択すべきか

## 「仕事」の反対語は？

多くの人は、仕事を「嫌なもの」だと捉えています。

これは、日本に限った話ではありません。

ヨーロッパの学者が主導して形成した経済学においても、同様の想定がなされています。経済学では、「人は働きたくないと考えている」という前提で「労働」について分析しているのです。

万国共通で「仕事は苦行」だということです。

ただ、仕事以外の時間をどう捉えるかには、日本と海外（ここでは特にヨーロッパの人々）では大きな違いがあるようです。

ここでみなさんに質問をしてみましょう。

**質問**

「仕事」の反対語は何か？

さて、あなたの答えはなんでしょうか？

ある調査によると、日本人は、仕事の反対を「休み」と考えているようです。一方でヨーロッパ人は、仕事の反対を「遊び」と考えている人が多いようです。

なぜ、このような違いが生まれるのでしょうか？

私が目にした調査では、「日本人は『身体《からだ》』を使って稼いでいる。ヨーロッパ人は『頭』を使って稼いでいる」とされていました。

なんとなくニュアンスは伝わりますが、これでは日本人は「頭を使っていない」ということになります。イマイチ納得がいきません。

この差は、「上の目指し方」の差によって生まれていると、わたしは考えています。

日本人は、毎回毎回高いところに向かって全力でジャンプしているのに対して、ヨーロッパ人は土台を作ることに専念し、日々の業務ではその上に乗っているだけ、ということではないかと思うのです。

毎回全力でジャンプすれば、当然、肉体的にも精神的にも疲れてしまいます。

残業代を稼ぐために毎日毎日長時間労働をしていれば、週末にはヘトヘトになります。そのため、土日は「休み」になるのです。

毎月のインセンティブをもらうために休日返上で営業に駆《か》けずり回っていたら、たまの休みは「休息」に充《あ》てられるでしょう。

一方で、自分の時間を労働力の価値を上げるために使えば、土台を築くことができます。短期的には結果は出ませんが、長期的にはだんだんと自分の価値が上がっていき、少し手を伸ばしただけで高いところに手が届くようになります。

全力でジャンプするのではなく、土台に乗って手を伸ばしているだけなので、週末にも体力が残っています。

だから週末に「遊ぶ」のです。

これが、ヨーロッパ人の「働き方のスタンス」ではないかと、わたしは思うのです。

## 土日は「休息」という意識を変える

日本人、ヨーロッパ人ともに、自分の「幸福」を目指して働いています。不幸せになりたくて、進んで働いている人はいないでしょう。

お金を稼ぐのは、もちろん生きていくためですが、それ以上に、そのお金を使って「幸せに」暮らすためです。多く稼げば、より自分の幸福に近づけるはずです。

そこは、日本人だろうとヨーロッパ人だろうと変わりません。

しかし、日々の行動が異なります。その違いが、休日が「休み」なのか「遊び」な

## 「仕事」の反対語は？

### ヨーロッパ人

遊び

### 日本人

休み

コグレ

Point!

「働き方」の違いが
大きな差を生んでいる！

のかの差になっているのです。

そして、休日が休みになるか遊びになるかによって、本人の幸福感にも大きな違いをもたらします。

日本人には、年間１１０日前後の休日があります。働きアリのように年中働いているイメージがありますが、一年の「１／３」は仕事をしていないのです。

ただ、この「１／３」の休日が「来週、仕事をするための体力回復の時間」に充てられてしまうと、そこも仕事の一部ということになってしまいます。

「睡眠も仕事のうちだ（よく寝ることでつぎの日、より仕事に集中できる）」というセリフをたまに聞きますが、それと同じことです。「明日からの仕事に備《そな》えて、今日は早く寝よう。どこにも出かけずに家で休んでいよう」となってしまうのです。

これでは、年中仕事をしている感覚に陥っても仕方がないでしょう。

「では、ヨーロッパ人のように休日に遊びに行けばいいじゃないか」

そう考えるかもしれませんが、それが本質的な解決になるでしょうか？

平日に体力を消耗しきっている人が「休日＝遊びの時間」と考えるだけで、楽しく遊びに行けるのでしょうか？

わたしは、そうは思えません。

土曜日は、一週間の疲れから昼ごろまで寝てしまうかもしれません。日曜日は、翌週の「激務」に備えて、夕方には体力温存のために早々と家に帰っているかもしれません。

これでは、ゆっくり遊びに行くことなど不可能です。

この「休日＝休み」という感覚から抜け出すためには、平日の仕事の仕方を根本から変えなければいけないでしょう。

「今より上」を狙うのであれば、残業代やインセンティブで稼ぐのではなく、労働力の価値を上げて、給料のベースを引き上げるべきなのです。

## 過去に作った土台で稼げる仕事を選ぶ

大事なことなのであらためて確認すると、わたしたちに必要なのは、日々の労働で稼ぐ働き方ではなく、労働力の価値を引き上げることで稼ぐ働き方です。

労働力の価値を引き上げることができれば、日々の労力やストレスを増やさなくても、収入を引き上げることができます。

その仕事に必要な知識、技術、経験を地道に積み上げて、他の人が同じことを身につけようとすると長い時間と費用がかかるような「資産」を身につけるのです。

過去に作り上げた土台を使って、現在の仕事を行うのです。

労働力の価値を引き上げて「資産」を形成するためには、自分自身がそのような意識で日々働くことが重要ですが、それだけでは不十分でしょう。

「そういう働き方ができる仕事」を選ばなければいけないのです。

労働力の価値を引き上げるためには、「積み上げ」が必要です。しかし、過去から積み上げてきたものが現在では使えない場合、その「積み上げ」は無意味になります。過去の知識や技術、経験を使わなくてもその仕事ができるのであれば、労働力の価値として認めてもらえないからです。

つまり、仕事のやり方や知識、技術がどんどん移り変わるような職種では、「過去の積み上げ」が評価されにくいということです。

たとえば、携帯電話ショップの店員は、多くの機種の特徴と「違い」を顧客に説明できなければいけません。優秀な店員は、新機種が発売されるたびにマニュアルを通《つう》読《どく》して、顧客の疑問に即答できるように準備をしています。

ところが、今日覚えた新機種の情報やセールスポイントは、数年後にはほとんど「意味がない情報」になっています。少なくとも、店頭での接客には不要でしょう。

それはつまり、今日費やした労力は「積み上げ」になっていないということです。こういう仕事では、いくら自分が「積み上げよう」と思っていても、かなりむずかしいでしょう。その結果、労働力の価値を引き上げて、それを使って稼ぐ働き方はしづらいのです。

労働力の価値を上げたいのであれば、「知識」「技術」「ノウハウ」などの移り変わりが少なく、「積み上げ」をしやすい仕事を選ぶべきです。

もちろん、携帯電話を販売するなかでも、積み上げは可能でしょう。日々の仕事のなかから、たとえば普遍的な接客の技術やノウハウを習得することはできます。そしてそれは、労働力の価値を引き上げてくれるでしょう。ただ、おそらくそのような普遍的な技術やノウハウは、携帯電話の販売でなくても身につくはずです。

だとしたら、意識的に、より多くの価値を積み上げることができるような仕事を選ぶべきです。そういう仕事を選ぶことが、自己内利益を増やすことにつながるからです。

「働き方」のポイント⑤

## 過去からの「積み上げ」ができる仕事（職種）を選ぶ

### 「変化が速い業界」では、知識や技術の「賞味期限」が短い

「積み上げ」ができるかどうかは、職種だけでなく、業界によっても違ってきます。たとえば、インターネット業界やスマホ（スマートフォン）関連ビジネスの業界では、たえず新しい技術が生まれ、斬新な商品が出てきます。若い人が活躍し、既存の常識に捉われず、新しい考え方や手法がどんどん取り入れられ、業界全体が活発になっています。

一方で、鉄鋼《てっこう》産業や建設業界などでは、それほど新しい商品や技術がポンポン生まれるわけではなく、比較的「伝統的」な手法でビジネスが行われています。

さて、ここで質問です。

**質問**

あなたが他業界への転職を望んでいるとしたら、
「インターネット業界」
「建設業界」
どちらの業界を選ぶべきでしょうか？

世間一般的には、「インターネット業界のほうが華やかで活気がある」と感じるでしょう。そして、「そんな華やかで目立つ業界で働きたい！」と考える人も多いと思います。

しかし、本当にそんな単純な理由で決めてしまってもいいのでしょうか？

インターネット業界やスマホ業界は、非常に「変化が速い業界」です。

一方で、建設業界、そして農林水産業界は「変化が遅い業界」です。

はたから見ると「変化が速い業界」のほうが新しい感じがして、カッコよく見えるかもしれませんが、実際に働くとなると「新しい」「華やか」「カッコイイ」だけではダメです。

「変化が速い」とはつまり、知識や技術の「賞味期限が短い」ということです。今日みなさんが開発した技術や身につけた知識は、おそらく数年後には「過去のもの」になってしまっているでしょう。

インターネット業界は、よく「ドッグイヤー」と言われます。これは、犬が人の7倍のスピードで生きているということに由来します。

それくらい、インターネット業界においては「時が経つのが速い」のです。

## フェイスブックやツイッターもいつまでもつか……

具体例を出して説明しましょう。

みなさんは「オールアバウト」という情報サイトをご存じでしょうか？　もともとアメリカで始まったネットサービスで、日本でも株式会社オールアバウトがサイトを運営しています。

このサイトには、さまざまなジャンルの情報が掲載されています。特徴的なのは、各ジャンルの「専門家」たちが、プロの視点から記事を書き、情報を紹介していることです。法律関係の情報であれば弁護士が、住宅関連の情報であれば一級建築士や住宅コンサルタントが、情報を取捨選択し、紹介しているのです。

そのため、ただ単に情報を掲載しているサイトよりも信頼性が高く、ユーザーの人気を博《はく》しました。

オールアバウト社も、アクセス増加に対応するため、相応の設備投資や掲載する情報ジャンルの増加に注力したことと思います。

ところが、このサイトの人気はそれほど長くは続きませんでした。

なぜなら、ユーザーが信頼する情報が、「特定のページの情報」から「グーグルやヤフーで検索し、上のほうに表示されるページの情報」へと変化したからです。

そして今では、さらにそれも変わりつつあり、「フェイスブックで『友達』が記載している情報」を信頼するようになっています。

ユーザーの情報取得方法がどんどん変化しているのです。

その結果、２０００年代前半にオールアバウト社が蓄積した知識やアクセスを集める技術、そして、「専門家」に記事を依頼して書いてもらう人脈ネットワークは、当時ほどは意味を持たないものになってしまいました。

たった10年くらいの間の出来事ですが、ビジネスモデル自体が大きく変わってしまったのです。

このように、インターネットの業界では、つい数年前まで「勝ち組」「覇者《はしゃ》」であった企業やそのビジネスモデルが通用しなくなることがよくあります。ヤフーはグーグルに市場を奪われ、そのグーグルもアップルやフェイスブックに押されています。

そしてまたフェイスブックも、これからどうなるかはわかりません。

インターネット業界のように、技術進歩が速かったり、ビジネスモデルがどんどん変化している業界では、今日一生懸命考え、一生懸命開発し、一生懸命ビジネスの基《き》盤《ばん》を築いても、その労力は将来につながりにくい。積み上げがしづらいのです。

ＳＥ（システムエンジニア）になって、最先端のプログラミング言語をマスターしても、10年後にはまったく新しい言語が使われていて、また一から覚え直さないといけないかもしれません。しかしそのときには、自分より10歳以上若い、やる気も体力も吸収力もある若手の人間と競争しなければならないでしょう。

また、これからの時代は、海外の安い労働力とも競争しなければならないかもしれないのです。

## 「資産の陳腐化」は遅ければ遅いほどいい

知識や技術が陳腐化《ちんぷか》しやすいということは、どんどん新しい知識や技術が生まれてくるということであり、裏を返せば、常に新しく参入してくるライバルたちと戦わなければいけないということです。

労働力は、すぐにコモディティ化してしまいます。

「技術進歩が目覚ましい」というと、一見華やかな印象を受けます。反対に、「ほとんど技術が進歩していない」というと、古臭い斜陽《しゃよう》産業で、将来性がないような印象を受けます。

そして、就職（企業選び）に際して、多くの人が、今が旬《しゅん》の「華やかな業界」を選びがちです。しかし、そのような業界では、過去に自分が積み上げてきたものが無意味になりやすい、ということをよく理解すべきでしょう。

反対に、変化が遅い業界、仕事のやり方が本質的に変わらない業界では、積み上げた資産は陳腐化しにくいのです。

一般的には、そのような業界は「古い業界」と言われ、時流に乗っていない、これから発展しないというイメージを持たれています。建設業界や農林水産業界、数十年前の注目産業だった鉄鋼、繊維《せんい》、運輸業界などが、それに当てはまるかもしれません。

ですが、このような「古い業界」だからこそ、今日一生懸命身につけた知識や今日一生懸命開発した技術を長い間活用でき、長い間「資産」として活かせるのです。

成長産業は、華やかに見えます。また、その業界で働いているとカッコよく見え、あこがれの対象になります。右肩上がりで「イケイケどんどん」の業界は、将来性があるように見えるので、魅力的に映ります。

たしかに、業界としては成長していくので、その流れに乗って大成功を収めることもできるかもしれません。

しかし正直に言って、そんな人間はほんのひと握りです。そして、そういった業界で成功を収めるためには、毎日全力でジャンプをし続けなければならないでしょう。そういう働き方でもかまわないという人は、今が旬の産業に飛び込んでみるのもいいかもしれません。「そういう世界」であることを知ったうえでチャレンジすることは、決して悪いことではないと思っています。わたしも実際、自ら望んでサイバーエージェント社に飛び込み、多くのことを学びました。

しかし、そういった業界を「あえて外す」という選択も、あっていいのではないでしょうか？

特に「自己内利益」を増やそうと考えるのであれば、過去からの積み上げを活かして働くことが重要ですから、変化が速くていま伸びている業界よりも、伸びていなく

## 労働力のコモディティ化

一生懸命がんばって知識・技術を
身につけても……

⇩

すぐに無意味になってしまう

コグレ
Point!

変化や技術革新が目覚ましい
成長産業では、知識や技術が
陳腐化しやすい！

ても本質的に変化が遅い業界・職種のほうが適しているのです。

「働き方」のポイント⑥
変化のスピードが遅い業界・職種をあえて選ぶ

## 「賞味期限が長い知識・経験」を身につけろ！

こう考えていくと、変化の波に巻き込まれない、労働力がコモディティ化しない業界や職種において、「賞味期限が長い知識・経験」をコツコツ積み上げていくことが、わたしたちが目指すべき働き方になります。

賞味期限が長い知識・経験とは何か？

たとえば、会計の知識や営業力、その業界で成功するために必要な人脈などが「賞味期限が長い知識・経験」です。

会計の本質は全世界的に共通ですし、たとえ法律が変わったとしても、ベースの考え方は変化しません。一度身につければ、いつまでも通用する知識なのです。

お客様に商品を売ることができる営業力も、長い間使える資産になります。車を売る営業力は、パソコンを売る営業力にもつながるでしょう。営業力があれば金融機関で保険や証券を売ることもできます。「取引」を人間同士で行っている以上、営業の本質も変わらず、長期間にわたって使える資産になるのです。

また、ビジネスでは、「何をやるか」よりも「誰がやるか・誰とやるか」が重要だと言われます。それだけ「人」が重要なのです。

そして、いくら技術が進歩しても、いくら商品が変わっても、人との関係が変わるわけではありません。これも一生助けてくれる資産になるでしょう。

さらに、自分の資産として積み上げる知識・経験は、賞味期限が長いことに加えて、「身につけるのが大変で時間がかかるもの」でなければいけません。いくら賞味期限が長くても、誰でも簡単に短時間で身につけられるのであれば、資産にはなりえないからです。

「労働力の価値」の成り立ちを再三お伝えしたように、「身につけるのに手間や時間がかかるもの」が労働力の価値を上げてくれます。

「他人から評価され、お金をもらえるくらい〝大変な〟資産」でなければ、意味がないのです。

「英検3級」「簿記《ぼき》3級」が資産にはなりえないことは納得していただけるでしょう。取得するのが簡単すぎるからです。「英検3級」「簿記3級」を持っていても、「あなたは簿記3級を持っているから、他の人より給料を上げます」とは言ってもらえません。

「なんでもいいから、とにかく資格を身につければいい」というわけではないのです。

## 「使用価値がある価値」が高給の対象になる

最後にもうひとつ、「使用価値」を考えることを忘れてはいけません。

商品の値段を高く認めてもらうためには、その商品に「価値」と「使用価値」の両方がなければいけませんでした。それは、労働力という商品でも同じです。

つまり、価値（積み上げ）があっても、使用価値が伴っていなければ、高い評価はされないのです。使用価値とは、その商品を使って意味があるということであり、労働力の使用価値とは、その人を雇ったら利益が出るということです。

「一生懸命頑張って資格を取りました。ですが、その資格があっても利益は出せません」では意味がないのです。

企業は、「使用価値がある価値」に高いお金を払います。

「一生懸命頑張って、この仕事ができる知識と経験を身につけました。そして、それらを活かして年間10億円の利益を生み出せます！」という人に高いお金を払うのです。

つまり、そういう「使用価値がある価値（資産）」でなければ意味がありません。

「リストラが怖いから、資格を取ろう」

そういう人は多いでしょう。資格を取ること自体は否定しません。しかし、「リストラが怖いから、資格を取る」という発想が「よくない」のです。なぜかというと、その資格に「使用価値」があるかどうか、まったく考えられていないからです。

「資格でメシが食えるわけではない」というセリフをよく聞きますが、それは、その資格が企業にとっての使用価値を持っていないので、高く評価してはもらえないからです。

価値も使用価値も高いのであれば、高い評価（給料）が必ず得られます。

「働き方」のポイント⑦

## 賞味期限が長く、身につけるのが大変で、高い使用価値のある知識・経験をコツコツ積み上げる

### わたしが「出版」を選んだ理由

わたしは、２００９年にリクルートを退社し、現在では、主な収入を書籍の執筆から得ています。

マルクスやアダム・スミスなどの「経済学理論」や「経済学史」の解説本、経済ニュースの基本を解説する本を数多く出版しつつ、また「マトマ出版」という小さな出版社も経営しています。

じつは、わたしが出版という業界を選び、そして、上記のようなテーマで本を出し続けているのには、大きな理由があります。

それは、「労働力の積み上げができるから」です。

わたしは、あえて出版業界を選んでいるのです。

出版というビジネスは、本質的には数百年間、まったく変わっていません。最近、電子書籍やオーディオブックという新しい形（媒体《ばいたい》）も登場しましたが、基本的には、原稿を書き、それを流通させ、読者に買ってもらうビジネスです。最終的な形は変わっても、仕事の仕方や基本的なビジネスモデルはこれからも変わらないでしょう。

つまり、今日の労力や新しく学んだことを長期間活用できるのです。

たとえば、今日新しく「原稿を速く書く方法」を学んだとします。このノウハウは、おそらく自分が作家業をやめるまで使える「資産」になるでしょう。

新しい漢字をひとつ覚えたとしたら、それも死ぬまで使えます。

また、素晴らしい人脈を得て、仕事の効率を上げることができれば、おそらくそのチームをずっと維持することもできるでしょう。

書いている本の内容も、まったく同じ理由から選んでいます。わたしは、内容が薄れない（情報として古くならない）テーマを意図的に選んでいるのです。

経済学の古典や経済学理論を解説した書籍を何冊も出していますが、これらのテーマはそもそも何十年も前、何百年も前に説《と》かれた理論ですので、情報が「古く」なることはありません。

流行《はや》りのテーマではありませんが、逆に廃《すた》れることもないのです。

一方で、書店に足を運べば、たとえばフェイスブックをビジネスに活用する方法をテーマにした本が数多く出版されています。

流行りのテーマなので読者のニーズも高く、瞬間的には売れます。

しかし、フェイスブックの機能はどんどん進化していきますし、フェイスブック自体も数年後にはどうなっているかわかりません。つまり、書籍の情報はすぐに古くなってしまい、売れなくなってしまう可能性があるのです。

せっかく長い時間をかけて研究して、原稿を書いても、その労力が報われるのはごく短期間です。読者のニーズがあり、出す意義はありますが、自分のかけた労力の積み上げという視点では、「避《さ》けるべきテーマ」だと思います。

なお、このような旬なテーマは、多くの本が同時期に発売されます。

「短期間でも売れればいい」と思われがちですが、類似本との過激な競争を勝ち抜いた本でも短期間しか売れるチャンスがない、というのがわたしの見方です。

多くの本は、競争に負けます。再度、敗者復活戦を試みますが、そのときには旬が終わっていて、チャレンジする機会すら失われているのです。

出版業界はかなり特殊な業界かもしれませんが、出版業界に限らずとも、「資産の陳腐化が遅いビジネス」はいくらでもあります。

先に説明した「古い業界」「流行りが過ぎた業界」では、そういうビジネスを見つけやすいでしょう。それらの業界では、すでにビジネスが確立していますし、新しい要素はさほど登場しないからです。

このような業界・ビジネスを選ぶと、世間からは「逆張《ぎゃくば》り」とか「逆行《ぎゃっこう》」とか、ともすれば「転落」というような思われ方をします。

しかし、「自己内利益」に着目し、それを増やそうとするならば、むしろこのような業界のほうが「やりやすい」のです。

## 急激な成長ではなく、ゆるやかな成長を目指す

あまりにも世間が成長を吹聴《ふいちょう》するせいか、最近の若い人たちは「成長していないこと」を過剰に恐れている印象を受けます。

そういった考えを持っていると、なかなか自己内利益を目指す働き方は選べないでしょう。なぜなら、自己内利益を増やしていくためには、地道な努力と長い時間が必

要だからです。

外からは、とても成長しているようには見えないので、心理的に焦《あせ》りや不満も溜《た》まっていきます。すぐに成長したいと思っている人にはキツい状況かもしれません。

しかし、そこはグッと耐えなければいけません。

一気に何かを得ることには、デメリットも存在しているのです。

ここで、よくわたしが考えている例をご紹介しましょう。

**質問**

宝くじが当たって、1000万円もらえることになりました。もらい方には2パターンあります。

A：今日、1000万円全額をもらう

B：これから毎年100万円ずつ、10年に分けてもらう

あなたでしたら、どちらの方法を選びますか？

いかがでしょうか?

経済学の教科書通りに解答すれば、Aのほうが得であり「Aを選ぶべき」です。

それはこういう理屈です。

今日1000万円を全額受け取ることができれば、それを銀行に預金し、利子《りし》を受け取ることができます。銀行の金利を仮に年1%だとすれば、今年の1000万円は、来年には利子の10万円分が増えて、1010万円になります。

一方、Bのもらい方をすれば、100万円しか貯金はできません。それでは利子は1万円になってしまいます。

複利《ふくり》(元金《がんきん》だけでなく利子にも利子がつく)を考えなくても、一見してAのほうが得なのです。

ですが、わたしはあえてBを選びます。

それは、Aの一時的な収入よりも、Bの「積み上げ型」の収入のほうが、結果的に自己内利益が高くなるからです。

もちろんそれは金利によります。年5%など、高金利がつけば考え直しますが、少なくともいまのゼロ金利状態では、迷わずBを選ぶでしょう。

わたしが注目しているのは、「収入から得られる満足感」です。

1000万円をもらった瞬間は非常に嬉しいでしょう。テンションも上がり、数日間はどんな嫌なことも忘れてしまうかもしれません。

しかし、何度も説明したように、その喜びはやがて消えてしまいます。

そして、1000万円を手にしたことを「当然」と思うようになり、「これだけ持っているんだから少しくらい使ってもいいだろう」と言いながら、短期間で大金を使ってしまうことが容易に予想できます。

また、散財をするときにも、普段であれば何日間も悩んで買うようなものを、熟考もせずにポンと買ってしまうでしょう。

お金のありがたみを感じにくくなってしまうのです。

それに対して、毎年100万円をもらうBでは、大金を手にした満足感を得つつも、お金のありがたみを感じながら、満足感が高い買い物をすることができます。

また、毎年もらえる100万円が「土台」になり、何もしなくても得られる「資産」となります。

たしかに、金利的には不利ですが、それでもなおBのほうが「収入から得られる満足感」が高いとわたしは思うのです。

宝くじで大金が当たったのに、その後、自己破産してしまう人もいると聞きます。

また、「当選しないほうがよかった」と言っている人もいるようです。

もし、宝くじの賞金が向こう50年にわたって「均等分配」だったら、状況は変わっていたのではないでしょうか？

## ＰＬで考えるから、「割に合わない」と感じる

将来にわたって積み上げができる仕事をしたほうがいい、ということは、多くの方に賛同していただけると思います。しかし同時に、多くの方が、キャッシュももらえないと「割に合わない」と感じています。その結果、積み上げができる仕事の重要性を把握しながらも、逆の選択をしてしまうのです。

では、なぜ「割に合わない」と感じてしまうのか？

それは、ビジネスパーソンとしての自分を「ＰＬ」でしか見ていないからです。

どういうことか、説明しましょう。

ＰＬとは、会計の「損益計算書《そんえきけいさんしょ》（Profit and Loss Statement）」のことです。

会計の本ではないのでカンタンに説明しますと、損益計算書には、費用（いくらの商品を仕入れたか）、売上（いくらで商品を売ったか）、そしてその結果の利益（いくら儲

かったか）が記載されます。

つまり、このPLを見れば、その会社がいくら稼いでいるかがわかるのです。

ただし、ここで注目すべきことは、損益計算書には手持ちの資産を表示する欄《らん》がないということです。

その日（その期間）にどれくらい利益が出たかということを示しているだけであって、その会社が持っている「お金を生み出す資産」はどこにも示されていません。

たとえば、企業が1000万円稼ぐとします。利益がひと目でわかるPLを見れば、「プラス1000万円」ということはわかります。でも、どうやって稼いだか、どのくらい苦労したかは書かれていません。

つまり、PLで見ると、

①10億円の不動産を持っている企業が、テナント収入（不労所得）で1000万円稼いだ

②何も資産を持っていない企業が、全社員による飛び込み営業で1000万円稼いだ

## PL（損益計算書）

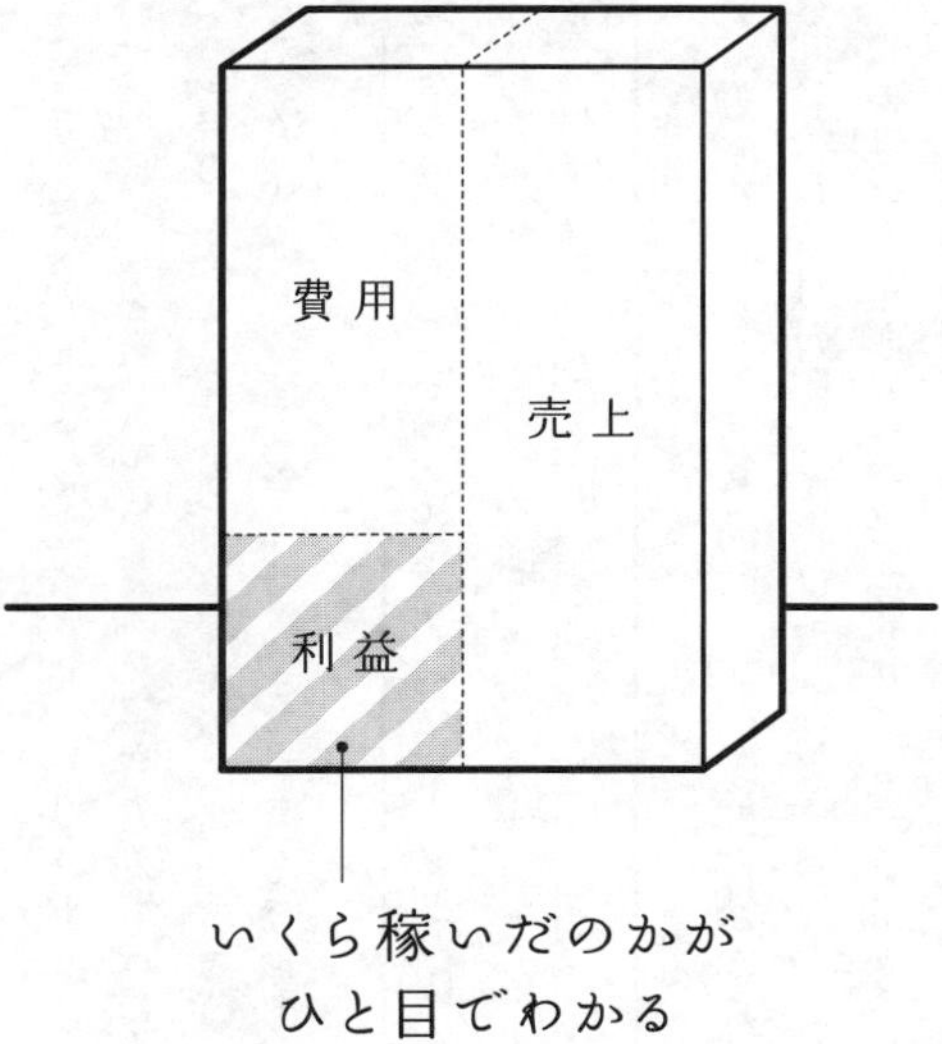
費用
売上
利益
いくら稼いだのかが
ひと目でわかる

コグレ Point!

しかし、PLでは「資産」がどれくらいあるのかわからない！

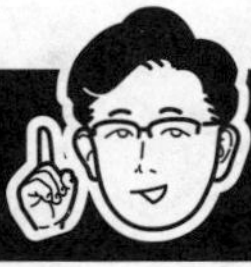

の2つが区別されないのです。

PL的に考えれば、この2つはまったく一緒なのです。

ただ、みなさんもご承知のように、この2つの間には天と地ほどの差があります。

しかし、PLだけで考えていると、「どうやって稼いだか」ではなく「いくら稼いだか」にしか目がいかないので、正常な判断が下せなくなります。

たとえば、以下のような状況で、進んで④の働き方を選んでしまうのです。

③1年間死ぬ気でがんばって、向こう10年間、毎年100万円の収入を生み出す資産を作り上げた
④1年間死ぬ気でがんばって、1000万円稼いだ

両方とも、死ぬ気で働きます。どちらも同じ1年の時間がかかっているし、結果的に生み出したお金も同じ1000万円です。

ですが、④は宝くじの賞金を全額もらうのと同じで、一気に1000万円がもらえます。PLでは、1000万円の利益になります。

一方の③は、資産を書く欄がないPLでは、100万円の利益にしかなりません。

多くの人は、同じように1年間死ぬ気で働いたのにキャッシュが少ないなんてとても割に合わない、と感じてしまい、選ぶべきではない④の働き方を選択してしまいます。

これが、PLでしか見ていないことの弊害《へいがい》です。

## BS思考で考えよう

ほとんどの方が、資産を使って稼ぎたいとは考えています。自分があくせく働いて稼ぐより、自分の資産が稼ぐ不労所得のほうがいいに決まっていますよね。

資産を使って稼ぐというと、『金持ち父さん 貧乏父さん』のように、株式投資や不動産経営をイメージしてしまいますが、それだけではありません。労働者（会社員）として働くときも、同じように考えるべきなのです。

そして、そのときに必要になるのが「BS思考」です。

BSとは、「貸借対照表《たいしゃくたいしょうひょう》（Balance Sheet）」のことで、PLが「売上」「費用」「利益」を表示するのに対して、BSには、将来の利益を生み出す「資産」（例：毎年100万円の家賃収入を生み出す不動産）、将来の損を発生させる「負債《ふさい》」（例：金利5％で借りている借金）などが記載されています。

重要なのは、その企業が持っている「資産」がひと目でわかることであり、その企業の「稼ぐ力」がわかることです。

「いくら稼いだか」がわかるPLに加えて、このBSを考えると、「稼いだお金（利益）が何によって生み出されているか」がわかり、正常な判断が可能になります。

さきほどはPLでしか考えていなかったため、

①10億円の不動産を持っている企業が、テナント収入（不労所得）で1000万円稼いだ
②何も資産を持っていない企業が、全社員による飛び込み営業で1000万円稼いだ

の区別がされていませんでした。

しかし、「資産」に目を向けると、明らかに違うということがわかります。

このように、売上や費用、利益だけでなく、資産まで含めて考えるのが、「BS思考」です。

## BS（貸借対照表）

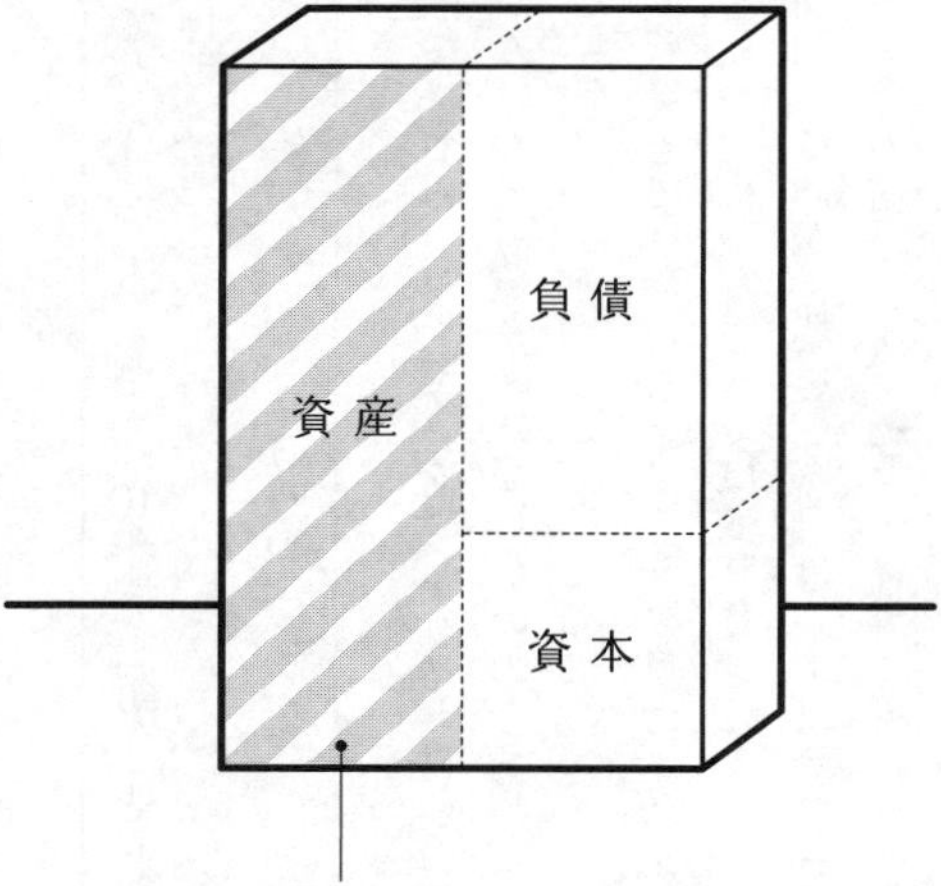
負債
資産
資本

将来の利益を生み出す「資産」

コグレ
Point!
BSでは、PLでは
わからなかった
「資産」がわかる!

これは企業会計の話ですが、個人の会計（自己内利益を目指す働き方）でも、同じようにBS的に考えて、資産を使って稼ぐ働き方をすべきでしょう。

③1年間死ぬ気でがんばって、向こう10年間、毎年100万円の収入を生み出す資産を作り上げた
④1年間死ぬ気でがんばって、1000万円稼いだ

この2つの選択肢であれば、迷わず③を選ばなければいけません。

いくら死ぬ気でがんばっても、資産にならないのであれば、それは無駄な行為だと認識すべきです。

たとえば、1時間残業して稼いだお金は、その日のエネルギーを使って得たお金です。それは、資産を使って稼いだお金ではありません。

通常、毎日3件訪問していた営業を、今月はがんばって5件に増やし、営業ノルマを達成したとします。その結果、インセンティブをもらえたとしても、それは「瞬間的なエネルギー」を使って稼いだお金です。

これも、資産を使って稼いだお金ではありません。

要するに、自分ががんばって働かなければ稼げないのは、資産を使っていない働き方なのです。

そんな働き方からは、そろそろ卒業してもいいのではないでしょうか。

もちろん、不動産からの収入とは違い、自分が家で寝ていても稼げる収入ではありません。労働者としての収入ですから、体を動かす労働は不可欠です。

しかし、100の収入を得るのに、そのつど100の労力をかける人がいる一方で、80くらいは過去からの積み上げ（土台）を使い、その日に費やすのは残りの20の労力だけに抑えている人がいます。

これが「資産を使って稼いでいる人」です。

たとえば、先に紹介した社外取締役やその業界の専門家は、過去に蓄積したノウハウを使って、少ない労力でお金を稼いでいます。

「妥当な成果を出さずにお金をもらっている」のではなく、過去からの積み上げを使い、「その日」は労力を使わずに稼いでいるのです。

資産を使って稼ぐためには、当然、資産を形成しなければいけません。

アパート経営で家賃収入が欲しければ、まずはアパートを持たなければならないでしょう。あたりまえの話です。

ただし、「アパートを持ちたい！」と言っても、タダで誰かがくれるわけではありません。コツコツお金を貯《た》めるか、ローンを組んでコツコツお金を払うことで、はじめてアパートが手に入るのです。

労働者も同じです。

「資産を使って稼ぎたい！」と言っても、すぐにそんな資産が手に入るわけではありません（すぐに手に入るものは自分が「資産」と思っているだけで、まわりから高い評価を得ることはできません）。

地道に「コツコツ」築き上げなければいけないのです。

**「働き方」のポイント⑧**

PLだけではなく、BSも考えて働く（＝BS思考）

コグレ

**Point!**

**積み上げた高い土台が
あれば、5分の1の労力で
同じ成果が!**

## 「資産を作る仕事を、今日はどれだけやったか？」

ＢＳ思考で自分の仕事を振り返ると、少し見方が変わります。

「仕事をする」とは、一般的には「会社に対して利益を提供すること」です。今日のその仕事が、会社に利益をもたらしていればいいのです。

とはいえ、自分の仕事が会社に利益を生み出しているかどうかは、みんなが日々ちゃんと考えられていることではないようです。現実には「仕事をしたつもり」になっていて、何も利益を生み出していないビジネスパーソンがじつに多いことが、『仕事をしたつもり』（海老原嗣生著／星海社新書）という本では鋭《するど》く指摘されています。

とにかく、会社に対して、労働者は利益を生み出さなければなりません。使用価値を発揮しなければなりません。

ですが、逆にいえば、その日の労働が利益を生み出してさえいれば、企業で働く労働者としてはＯＫだということです。

そして、一労働者としてＢＳ思考で考えるならば、今日の労働が自分への「積み重ね」にもなっていなければいけません。

そのため、自分自身に毎日問うべきなのは、

「資産を作る仕事を、今日はどれだけやったか？」

という質問です。

これは、折《おり》に触れて自問するようにしてください。日々忙しく駆けずり回っていても、この質問に答えられないようであれば、立ち止まって考え直すべきです。

## もう一度「自分」を見つめなおしてみる

僕らはこれから何をしたらいいのか？

いまの働き方に不満を持っている人は多くいます。しかし、それが「相手のせい」ではないこともありますね。わたし自身、過去の自分をふり返っても強く感じますが、「仕事がつまらない」、「職場の人間関係が悪い」と嘆いていたときは、ほぼ間違いなく自分の仕事の質も悪かったです。

自分の質が悪く、いい仕事をもらえない。自分が仕事に本気で向き合っていないか

ら、どんな仕事が来ても非常につまらない。そういうことがありました。

いま、もしあなたが会社でくすぶっていたとしても、まだまだやる気は燃え尽きていないと思います。活躍したいし、貢献したいと思っているのではないでしょうか？ きっかけさえあれば、まだまだいけます。問題はそのきっかけがないことです。転職したり、独立したりすることもひとつです。ですが、そこまで思い切らなくても、きっかけは得られます。

大切なのは、いまの自分の視点を少しだけ変えることです。新しい場に勉強に行くのもいいでしょう。誰かの講演会を聞くのもいいでしょう。何かを学ぶと、別のことも学びたくなるものです。

さらには、まわりからフィードバックをもらってみましょう。

職場や家庭で、自分という人間に対して、自分の印象に対して、自分の能力に対して、まわりが思っていることを教えてもらいます。「わたしが得意なこと、苦手なことは何だと思う？」と聞いてもいいでしょう。自分では思ってもみなかった返答がきて、もう一度自分を見つめなおすいい機会になります。

中にはグサッとくるものもあるでしょう。ですが、フィードバックを得ることで、大きな気づきを得ることができます。学生時代と違い、社会人になるとなかなかフィードバックをもらうタイミングがなくなり、知らない間に自分を客観視できなくなっています。

ここで大事なことですが、得意なことで他人により貢献しようという視点を持ってください。苦手を克服する必要は必ずしもありません。最初から「自分の欠点」に目を向けていたら、何もする気がしなくなりますからね。苦手を克服ではなく、得意に集中します。「得意分野」を指摘してくれた人に、その得意分野でより貢献できるようになりましょう。

それがわたしたちの視点を変え、働き方を変えていく種になると思うのです。

## 10年の継続が「理想の働き方」を作る

他の人が身につけようと思ってもなかなか身につかない資産を作る。

そして、その資産を使って１００の仕事のうち、80をこなす。

そうすれば、20の労力で１００の仕事をすることができる。

これが理想的な働き方です。

「資産」というと、特殊な職業にしか当てはまらないように感じてしまうかもしれませんが、そんなことはありません。

どんな仕事でも「積み上げ」があります。

料理人は日々の修業があって一人前になっていきます。営業マンは顧客との関係を作る方法を経験から学んでいきます。デスクワークを主に行っている人でも、仕事の進め方、他人への仕事の任せ方など、さまざまな場面で経験値を蓄積することができます。

もちろん、このような資産を自分のなかに明確に持つことは簡単なことではありません。能力的にむずかしいというより、気長に取り組まなければいけないため、忍耐力が続かないのです。

人は、目先の利益や、短期間で目に見える結果が出ることを望みがちです。

ですが、そういったものを追い求めているうちは、「資産」を築くことはできず、常に自分が動いて働かなければなりません。

高い場所を目指すのであれば、常に全力でジャンプし続けなければならないでしょう。それではいくら高いところに手が届いたとしても、そのために疲弊してしまい、結局は得るもの以上に失うものが多くなります。

「自己内利益」をプラスにし、また増やしていくためには、目先に捉われず、長期の視点で考えなければいけません。

ただ、誰しもがすぐに結果が出たほうが嬉しいのは間違いありません。そんな「弱い気持ち」に打ち勝つために、最後にこの言葉を紹介しましょう。

## 「人は、1年でできる事を過大評価し、10年でできる事を過小評価しすぎる」

これは、アンソニー・ロビンズという有名なアメリカ人「コーチ」の言葉です。わたしが社会人になるかならないかといった10年ほど前、この言葉に出会い、それから常に意識をしています。まさに座右《ざゆう》の銘《めい》のような言葉です。

人は、短期間で成《な》し遂《と》げられることを過大に考えがちです。

正月になると、「一年の計《けい》は元旦《がんたん》にあり」といって、多くの人が「一年の目標」を立てます。「今年は、月に10冊は本を読み、英会話をはじめ、簿記の資格を取り、毎月3万円貯金をして、ダイエットに励《はげ》み、そして朝型の生活に切り替えるぞ！」というように。

ですが、ほとんどの人は、これらの目標を一年間で達成することはできません。

それは、その人に能力がないからではありません。そもそも「一年間」では、それほど多くのことを達成することはできないのです。

計画を立てているときには、もちろん「できそうだ！」と思っています。

しかしそれは、一年でできることを「過大評価」しています。

一年の半分くらい過ぎたころ、自分がほとんどの目標を達成できていないことに、はたと気づきます。そして「やっぱりダメだった」と言って、やる気をなくしてしまいます。

同時に、「どうせできない」と言って、何もしなくなってしまいます。

そういう大人が多くないですか？

「一年でできる」と思っていたことの多くはできません。

卑屈《ひくつ》になっているわけでも、マイナス思考なわけでもありません。

単に「詰め込みすぎ」なだけなのです。

## 1年では大したことはできないが……

⇩

## 10年継続すればすごいパワーを生み出す！

コグレ
**Point!**

**「働き方」を変えるには、10年を費やす地道な努力が必要!!**

同時に、人は「10年でできる事」を過小評価する傾向があります。

みんな、頭では「10年」の威力を理解しています。「継続は力なり」と言えば、誰もが肯定しますし、10年継続すれば、すごいことになると理解はしています。

しかし、実際に10年継続する人はごく一部です。

作家の中谷《なかたに》彰宏《あきひろ》さんは「したい人、１００００人。始める人、１００人。続ける人、１人」と言っています。それくらい、続けられる人は少ないのです。

なぜ継続できないかというと、わたしは「頭でしか継続の重要性を理解できていないから」だと思います。

本当に10年の力を理解し、重視していれば、なにがなんでも継続するでしょう。心のどこかで「今日くらいやらなくても」「結果が出るかどうかもわからないしな」と感じているので、結果的に継続しなくなってしまいます。

これは「10年でできる事を過小評価」しているのです。

「10年でできる事を過小評価」せずに、地道に労働力の価値を積み上げていけば、大きな資産を築くことができます。

そして、その資産を使って、仕事をすることができます。

そうすることで、自己内利益を増やし、生活に余裕をもって生きることができるようになる——わたしはそう考えていますし、実際にこの考え方に基づいて、これまでの10年間、努力を続けてきました。

その結果、いまがあります。

現在、理想にかなり近い働き方を実践することができているのは、10年間いろいろと悩み、考えながら、地道に土台を作ってきたからです。

明確な目標を持ちながら、日々の仕事に励んできました。

これは決してわたしが作家だから、経営者だからできることではありません。誰でも意識と日々の行動次第でできることなのです。

一生「ジャンプ」し続けるよりも、たとえ今日からでも、資産を土台にした働き方を目指してみてはいかがでしょうか？

この本が、そのための羅針盤《らしんばん》となることを願っています。

おわりに

# 働き方を変えて、生き方を変えよう！

いまでは、「ブラック企業」という言葉がすっかり一般化しました。待遇はそれほど良くないのに極端に働かされたり、制度が整っておらず労働者としての権利を享受《きょうじゅ》できないような企業を総称して、そう呼んでいます。

そして、そういう企業で過労死などの問題が起きると、「あの企業はブラックだ！経営者は何を考えているんだ！」と一気に世間から非難されます。

しかし本来、資本主義経済のなかで働くということは、（法律の範囲内で）ギリギリまで働かされることを意味しています。

程度の差はあれ、資本主義経済のなかで生きる企業は、みんな元来《がんらい》「ブラック」なのです。

産業革命以後、資本主義が本格的に立ち上がりました。約２００年前の話です。そのときから企業は、労働者をギリギリまで働かせて利益を生み出しています。

これが、２００年間変わらない世界なのです。

そういう仕組みでできているのが資本主義なのです。

わたしは「企業が悪い！　経営者はみんな悪者だ！」と言いたいのではありません。

むしろ「労働者の働き方に責任があるのは、労働者自身である」ということをお伝えしたいのです。

現代の日本では、その資本主義の世界のなかでどう振る舞うかは、各自に委《ゆだ》ねられています。少なくとも法律上は、自分で自由に判断して、自由に行動してかまいません。

ところが、多くの人は自分の働き方に関してあまりにも考えてきませんでした。

そして、考えてこなかった結果として、資本主義の世界にどっぷり浸《つ》かり、完全に資本主義のルールのなかで「搾取」されているのです。

そう考えると、その企業を「ブラック」にしているのは「あなた自身」なのかもしれません。

企業がブラックなのではなく、自分で自分を「ブラックな働き方」に追い込んでいるのかもしれないのです。

そこから抜け出すためには、ひとりひとりが自分の頭で考えていくしかありません。

どうすればブラックな働き方をしなくて済むか？

資本主義のなかで幸せに暮らすためには、どう働けばいいか？

考えて行動に移さなければ、引き続き資本主義の世界で、資本主義のルールにのっとって、半自動的にブラックな働き方を続けることになります。

そこから抜け出すために理解しておくべき最低限の情報を、本書ではみなさんに提示しました。あとはみなさんが各自の現場で自分なりの働き方を考えていってほしいと思っています。

本書に書かれていることは「答え」ではなく、「答えを導き出すためのヒント」です。

ぜひ、今日から働き方を変えていきましょう。

そして、「いつまでこんな働き方を続けるのか？」などと歎《なげ》くこともない、自分だけの働き方、そして自分だけの生き方にチャレンジしていってほしいのです。

ひとつだけ補足しておきたいのは、「働き方を変える」といっても、本書は決して「独立」や「転職」を勧めているわけではない、ということです。

「独立して誰にも縛《しば》られずに働く」ことを夢として描いている人もいると思います。しかし、「独立」を現実的に取り得る選択肢として持っている人は少ないでしょう。目標にすること自体はかまわないですが、「独立しなければ働き方を変えられない」と安易に考えるべきではありません。

会社員としてでも、十分に変えられます。

また、隣の青い芝生を見て、すぐに転職するようなこともやめましょう。というのは、隣の会社も資本主義のなかにいる企業だからです。自分の働き方を根本から変えなければ、場所が変わっても本質的な解決にはなりません。企業を見る前に、まず自分自身の働き方を見直す必要があるのです。

「自己内利益」を考える
自分の「労働力の価値」を積み上げていく（資産という土台を作る）
精神的な苦痛が小さい仕事を選ぶ

これが、この本でわたしがお伝えできることです。

資本主義の本質的な構造やルールも説明しました。ここから「自分にとっての最良な選択肢とは何か？」について、ぜひご自身で探索していただきたいと思います。

簡単には見つからないと思います。しかし、1年で見つからなくても10年経てば、必ずや見えてくるでしょう。

そこに向かって、今日から一日一日を積み上げていってください！

本書は2012年4月、星海社新書として刊行された『僕たちはいつまでこんな働き方を続けるのか？』を改題し文庫化したものです。文庫化にあたり、文庫版まえがきの他、第5章・第6章に加筆いたしました。

木暮太一－作家。一般社団法人 教育コミュニケーション協会代表理事。1977年千葉県生まれ。慶應義塾大学を卒業後、富士フイルム、サイバーエージェント、リクルートを経て、独立。ビジネス書作家として著した書籍の発行部数は累計167万部に上る。大学の経済学部在学中に『資本論』をわかりやすく解説した本を執筆しロングセラーに。約９年間の会社員生活を経て、現代日本人の「幸せな働き方」を目指し、リアルな現場と経済学の両面から分析・提言する。フジテレビ「とくダネ！」、チバテレビ「りえ＆たいちのカイシャを伝えるテレビ」、NHK「ニッポンのジレンマ」などメディア出演多数。著書には、『今までで一番やさしい経済の教科書［最新版］』（ダイヤモンド社）、『カイジ「勝つべくして勝つ！」働き方の話』（サンマーク文庫）、『超入門 資本論』（日経ビジネス人文庫）など多数。

講談社＋α文庫

人生格差はこれで決まる
働《はたら》き方《かた》の損益分《そんえきぶん》岐《き》点《てん》

木暮太一《こぐれたいち》



2018年４月19日第１刷発行
2018年11月16日第３刷発行

発行者――――渡瀬昌彦
発行所――――株式会社 講談社
東京都文京区音羽2-12-21 〒112-8001
電話 編集(03)5395-3522
販売(03)5395-4415
業務(03)5395-3615

デザイン――――鈴木成一デザイン室
イラスト・図版――中村勝紀（TOKYO LAND）
カバー印刷――――凸版印刷株式会社
印刷――――凸版印刷株式会社
製本――――株式会社国宝社

落丁本・乱丁本は購入書店名を明記のうえ、小社業務あてにお送りください。
送料は小社負担にてお取り替えします。
なお、この本の内容についてのお問い合わせは
第一事業局企画部「＋α文庫」あてにお願いいたします。
Printed in Japan ISBN978-4-06-281740-0
定価はカバーに表示してあります。

講談社+α文庫 Ⓖビジネス・ノンフィクション

| | | | | |
|---|---|---|---|---|
| サ道 心と体が「ととのう」サウナの心得 | タナカカツキ | サウナは水風呂だ！ 鬼才マンガ家が実体験から教える、熱と冷水が織りなす恍惚への道 | 750円 | G 289-1 |
| 新宿ゴールデン街物語 | 渡辺英綱 | 多くの文化人が愛した新宿歌舞伎町一丁目にあるその街を「ナベサン」の主人が綴った名作 | 860円 | G 290-1 |
| マイルス・デイヴィスの真実 | 小川隆夫 | マイルス本人と関係者100人以上の証言によって綴られた「決定版マイルス・デイヴィス物語」 | 1200円 | G 291-1 |
| アラビア太郎 | 杉森久英 | 日の丸油田を掘った男・山下太郎、その不屈の生涯を『天皇の料理番』著者が活写する！ | 800円 | G 292-1 |
| 男はつらいらしい | 奥田祥子 | 女性活躍はいいけれど、男だってキツイんだ。その秘めたる痛みに果敢に切り込んだ話題作 | 640円 | G 293-1 |
| 永続敗戦論 戦後日本の核心 | 白井聡 | 「平和と繁栄」の物語の裏側で続いてきた戦後日本体制のグロテスクな姿を解き明かす | 780円 | G 294-1 |
| *毟り合い 六億円強奪事件 | 永瀬隼介 | 日本犯罪史上、最高被害額の強奪事件に着想を得たクライムノベル。闇世界のワルが群がる！ | 800円 | G 295-1 |
| 証言 零戦 生存率二割の戦場を生き抜いた男たち | 神立尚紀 | 無謀な開戦から過酷な最前線で戦い続け、生き延びた零戦搭乗員たちが語る魂の言葉 | 860円 | G 296-1 |
| 証言 零戦 大空で戦った最後のサムライたち | 神立尚紀 | 零戦誕生から終戦まで大空の最前線で戦い続けた若者たちのもう二度と聞けない証言！ | 950円 | G 296-2 |
| 証言 零戦 真珠湾攻撃、激戦地ラバウル、そして特攻の真実 | 神立尚紀 | 特攻機の突入を見届け続けたベテラン搭乗員の真情。『証言 零戦』シリーズ第三弾！ | 1000円 | G 296-3 |

*印は書き下ろし・オリジナル作品

表示価格はすべて本体価格（税別）です。本体価格は変更することがあります